Ernst Siecke

Hermes der Mondgott

Studien zur Aufhellung der Gestalt dieses Gottes

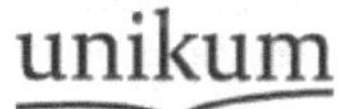

Ernst Siecke

Hermes der Mondgott

Studien zur Aufhellung der Gestalt dieses Gottes

ISBN/EAN: 9783845744209

Erscheinungsjahr: 2012

Erscheinungsort: Bremen, Deutschland

© Unikum in Europäischer Hochschulverlag GmbH & Co. KG, Fahrenheitstr. 1, 28359 Bremen. Alle Rechte beim Verlag und bei den jeweiligen Lizenzgebern.

www.unikum-verlag.de | office@unikum-verlag.de

Bei diesem Titel handelt es sich um den Nachdruck eines historischen, lange vergriffenen Buches. Da elektronische Druckvorlagen für diese Titel nicht existieren, musste auf alte Vorlagen zurückgegriffen werden. Hieraus zwangsläufig resultierende Qualitätsverluste bitten wir zu entschuldigen.

Ernst Siecke

Hermes der Mondgott

Studien zur Aufhellung der Gestalt dieses Gottes

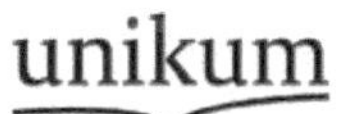

Hermes der Mondgott

Studien zur Aufhellung der Gestalt dieses Gottes

von

Ernst Siecke

Leipzig
J. C. Hinrichs'sche Buchhandlung
1908

'Ἑρμῆ κοσμοκράτωρ ἐγκάρδιε κύκλε Σελήνης'.

Kapitel I.

Vorbemerkungen.

Den Gott Hermes pflegt man in neuerer Zeit vielfach als einen Windgott anzusehen, hauptsächlich beeinflußt durch die Schrift von W. H. Roscher ,Hermes der Windgott' (Lpz. 1878). Der um die mythologische Wissenschaft hochverdiente Verfasser ist seiner Auffassung auch in dem von ihm herausgegebenen Ausführlichen Lexikon der griech. und röm. Mythologie treu geblieben und hält, soviel ich weiß, selbst jetzt noch an ihr fest[1]. Obwohl sie inzwischen von vielen angenommen ist, so gehört doch m. E. nur wenig Kritik dazu, um das Irrige daran zu erkennen. Von dem Urheber einer Ansicht, der durch jahrelanges Einleben mit ihr sozusagen verwachsen ist, läßt sich solche verneinende Kritik schwer verlangen, wohl aber von den anderen. Jene Ansicht wäre nie zur Geltung gekommen, wenn nicht in der Mythologie noch immer eine gewisse Richtung auf Nebelhaftes und Unklares, auf Mystisches und Ahnungsvolles vorherrschte, welche vor Einfachem und auf der flachen Hand Liegendem zurückschreckt. Auf Herrn W. H. Roscher, der ja ein energischer Vertreter der vergleichenden Methode ist und ein Befürworter der Notwendigkeit, gegebenenfalls eine ,Naturbasis' der antiken Gottheiten anzuerkennen, bezieht sich dies

[1]) So 1898 im Archiv f. Religionswiss. I. S. 52.

Urteil selbstverständlich nicht. Aber viele andere glauben nicht oder wollen nicht glauben, daß die mythologischen Vorstellungen selbst hochkultivierter Völker von einfachen, volksmäßigen, kindlichen, oft hausbackenen, ja rohen Vorstellungen oder von grobsinnlichen Eindrücken und Beobachtungen ausgegangen sind; man glaubt eher an Allegorien, weil die etwas Sinnvolles und Poetisches zu haben scheinen, — und im Hochpoetischen soll nun einmal die Quelle der Mythologie liegen. Das Wort: ‚Märchen, noch so wunderbar, Dichterkünste machen 's wahr' — übt berauschenden Einfluß; man traut den Menschen des mythenbildenden Zeitalters solche Dichterkünste zu. Aber ist das richtig? Ich leugne es durchaus. Die alten und echten Mythen und Märchen entspringen nicht, wie gewisse frei erfundene Märchen einer französierenden Richtung des 18. Jahrhunderts, (die aber eben darum gar keine echten Märchen sind), dem Wunsche, möglichst Wunderbares und den gewöhnlichen Naturgesetzen Widersprechendes zu erzählen, sondern sie wollen für wahr Gehaltenes mitteilen und sind in gewisser Hinsicht, d. h. wenn wir uns auf einen gewissen Standpunkt stellen, wahr. Das ist ein sehr einfacher Gedanke, und wenn er erst durchgedrungen sein wird, (was durchaus der Fall sein muß, denn man müßte sonst am gesunden Verstande der Menschheit verzweifeln), so wird man gar nicht begreifen können, wie es überhaupt möglich war, diesen Gedanken nicht gehabt zu haben. In seiner Einfachheit liegt das Sieghafte dieses Gedankens. Vorläufig fragen noch viele Gelehrte, am zahlreichsten unter den Germanisten, weil sie in der Mythologie gewohnt sind, das Phantastischste für das Glaublichste zu halten, ängstlich und nicht ohne eine gewisse Scham über ihre bisherige Verblendung, ob denn wirklich die Mehrzahl der Mythen von so einfachen, planen, leicht verständlichen Gedanken und Anschauungen ausgegangen ist. Die Beantwortung dieser Frage ist es, welche eine Erörterung über das Wesen des Gottes Hermes, über die Streitfrage: Windgott oder Mondgott? auch dem, der die Mythologie nicht zum Spezialstudium erwählt hat, interessant machen muß. Das Schlußergebnis selbst, die Beantwortung an und für sich, könnte ja dem Gebildeten von heute ziemlich gleichgültig sein; allein die Frage nach dem Ursprung des Mythus und der Religion überhaupt, sagen wir nach der Substanz des Mythus, unabhängig von den Einzelgestaltungen desselben, darf nicht gleichgültig sein, solange wir uns um die Vorzeit unseres Geschlechts und den Zusammenhang in der Entwickelung des menschlichen Geistes und um Mythologie, die diesen Zusammenhang herzustellen bemüht ist, überhaupt noch bekümmern. Ja, wir müssen darin eine Beruhigung finden, wenn es uns gelingt, auch in den Keimen seltsamer Bildungen gesunden Menschenverstand, begreifbare Vorstellungen, Gedanken, die wir nachdenken, Empfindungen, die wir nachempfinden können, zu entdecken. Sehr schön sagt Max Müller[1]: ‚Wir können eine infantia unserer Rasse zugeben; wir können aber nicht eine Periode der dementia als Anfang eines Entwickelungsprozesses zugeben, von dem wir selbst integrierende Glieder, wenn nicht die letzten Ergebnisse sind.‘

Ich für mein Teil habe mich in meinem Gemüt immer schwer bedrückt gefühlt, wenn ich mir denken sollte, die Griechen hätten einen Windgott[2], Bruder des Licht-Gottes Apollo, den nächtlichen (νύχιος), den Gefährten der dunklen Nacht (μελαίνης νυκτὸς ἑταῖρος), Boten der Götter, den unterirdischen (χθόνιος), den Erfinder des Feuers (hymn. in Merc. 108), weiss (λευκός), glänzend (φαιδρός), gut spähend (εὔσκοπος), alles erblickend (πάνωψ), den Seher der Nacht (νυκτὸς ὀπωπητήρ), den Führer der Träume (ἡγήτωρ ὀνείρων), den Schlafspender oder Vorsteher des Schlafes (ὑπνοδότης, ὕπνου προστάτης), den Wegeleiter (ὅδιος), Gott der Diebe[3] genannt, sie hätten sich einen Windgott in der Form oder unter dem Symbol

[1]) Beitr. z. wiss. Mythol. [Lüders]. I, 70. — [2]) Eine Zusammenstellung der anderen bisher aufgestellten Deutungen s. bei Ro. Wg. (Hermes der Windgott) 7—9. O. Gilbert, Gr. Götterlehre (Lpz., Avenar. 1898) erklärt H. für den ‚Dunkelbruder‘, den ‚Dunkelgott‘. (‚Sein Wesen habe im Laufe der Zeit eine einseitige Entwicklung nach der Wolken- und Mondseite empfangen‘. 431.) — [3]) Vgl. Bruchmann, Epithet. Deor. und die Tabelle zu Mehlis, Idee des H. Abt. I.

des Phallus vorgestellt, hätten einem Windgott bald zwei, bald drei Köpfe, ein halb goldenes, halb schwarzes Antlitz, einen Sternenchiton, einen halb weißen, halb schwarzen Hut, einen Keilbart, einen goldenen Stab zugeschrieben u. a. m. Dagegen atmete ich erleichtert auf, als sich mir die Erkenntnis erschloß, daß Menschen, die ich für vernünftig halten möchte, solche Urteile über einen Mondgott gefällt haben. Winderreger sind viele Götter[1], unter denen nicht einmal Hermes zu nennen ist.

Aber weshalb, so fragt man vielleicht, hat man nicht schon längst den Schluß gezogen, daß zu den vorher aufgeführten Prädikaten kaum ein anderes Subjekt denkbar ist als der Mond? Die Antwort lautet: Weil einmal noch andere Prädikate von nicht so einleuchtender Klarheit vorhanden sind, von denen ich zwar beweisen werde, daß auch sie für einen Mondgott gut passen (z. B. das Fliegen, die Flügel), die aber doch zunächst mißverstanden werden, den Blick ablenken und Verwirrung anrichten konnten; sodann weil man lange Zeit überhaupt auf den Sinn der Prädikate der mythischen Subjekte zu wenig gab, bei ihnen vielmehr an eine dichterisch sein sollende Freiheit und Ungebundenheit glaubte und die sonderbare Hypothese aufstellte, daß die Menschen der grauen Vorzeit ihre eigene, von uns gar nicht zu verstehende Auffassungs-, Anschauungs- und Denkart gehabt hätten[2], (in welchem Falle man eigentlich folgerechter Weise einfach die Büchse ins Korn werfen und aufhören sollte, den Sinn der Mythen ergründen zu wollen); weil man endlich sich selbst dogmatische Schranken geschaffen hatte, welche die dem

---

[1]) So z. B. Zeus als Euanemos (Sive utrumque Juppiter Simul secundus incidisset in pedem, Catull 4, 20); vgl. O. Gruppe, Griech. Mythol. u. Religionsgesch. S. 834; Ro. Wg. 18.

[2]) Sagt doch selbst ein Max Müller (Beitr. II, 130 Lüders): ‚Beim Studium der alten vedischen Dichtung müssen wir uns an Vorstellungen gewöhnen, die uns seltsam und unlogisch erscheinen mögen, nicht aber jenen Leuten, die sich zuerst bemühten, die täglichen Wunder der Natur zu begreifen und zu benennen.‘ — Von solchem Standpunkt aus muß man sich unter Umständen auch die aberwitzigsten Vorstellungen gefallen lassen. Nein! Trauen wir zunächst den Leuten der Urzeit keine anderen Anschauungen und Urteile zu, als solche, die wir wenigstens für denkbar halten müssen.

verlangenden Blick sich öffnende und sonnig klar daliegende Bahn zu betreten nicht verstatteten. Solch eine dogmatische Schranke war z. B. der Satz: Bei den Griechen ist der Mond stets weiblich gedacht (*σελήνη*), nie männlich. (Für Indien lautet die dogmatische Schranke, welche die Diktatoren der Mythenforschung hier aufzustellen belieben: Sonne und Mond können am Indus und Ganges nur männlich sein, nie weiblich)[1]. W. H. Roscher[2] leugnet noch 1895 die Auffassung des Mondes als eines männlichen Wesens bei den Griechen. Ich meine, jedem sagt schon das Wort *ὁ μήν*, daß die Griechen neben der weiblichen Selene auch einen männlichen Mond hatten. Daß *μήν* nicht bloß M o n a t, sondern eben zunächst M o n d (= M e s s e n d e r oder Sich Wandelnder) bedeutet, (wie denn zunächst beide Bedeutungen überall in demselben Worte stecken, darnach oft mit leisen Differenzierungen des Wortes), beweist erstens die Zusammenstellung mit den verwandten Sprachen (got. mêna, ahd. mâno, an. mâni, skr. m â s, lat. mensis in intermenstruum, die Zeit des Mondwechsels, der Neumond), sodann das Wort *νουμηνία* Neumond[3]. Und wie hätten denn die Griechen den kleinasiatischen Mondgott überhaupt M e n benennen können, ohne damit eine solche Vorstellung von ihrem Standpunkte aus für berechtigt zu erklären? Die Verehrung dieses M e n war eine sehr ausgedehnte und spielte auch nach Griechenland (Attika) hinüber[4]. So erkennt auch Drexler an, daß die Vorstellung eines männlichen Mondgottes auch den Griechen eigen war. Jetzt zweifeln[5] wohl nur noch wenige Gelehrte an dieser Tatsache.

---

1) Vgl. dagegen die richtige Bemerkung von Fr. Hommel, Grundriß d. Geog. u. Gesch. d. a. Orients (München 1904) S. 215 A. 3. — 2) Nachträge zum Buch über Selene und Verwandtes. Wurzener Programm 557. S. 13. — 3) S. meine ‚Urreligion der Indogermanen'. Berlin 1897. S. 14. — O. Schrader, Sprachvergl. u. Urgesch. S. 443. — 4) Drexler, Men in Ro's. A. L. (Roschers Ausführl. Lexikon der griech. u. röm. Mythol.) II 2687—2770; bes. 2689. (Usener, Götternamen, S. 36.) — Mein Programm. Beiträge zur genaueren Erkenntnis der Mondgottheit b. d. Griech. (No. 64.) Berl. 1885. — 5) So allerdings der u n g e n a n n t e B e u r t e i l e r meiner ‚Drachenkämpfe' im Lit. Centralbl. 1907, Sp. 803 f.: ‚An dem Umstande, daß der Mond (*σελήνη, μήνη*) nach Ausweis der sprachlichen Ausdrücke dafür den Griechen als ein weibliches Wesen erschien (weshalb alle früheren kompe-

Hartgläubige möchte ich an Gestalten erinnern, welche geradezu sowohl als Mann als als Weib bezeichnet werden. Leukippos (Weißpferd), der Sohn des Lampros (des Strahlenden), des Sohnes des Pandion (des Ganzglänzenden), war als Mädchen geboren und erst nachher von Leto in einen Mann verwandelt worden. Ihm huldigten im Tempel der Leto Phytia zu Phaestos die Brautleute bei der Hochzeit,

---

tenten Darsteller der griechischen Mondmythen nur an Mondgöttinnen, nicht an Mondgötter gedacht haben), nimmt S. keinen Anstoß, wie er denn überhaupt in der Aufstellung von mythologischen Dogmen ziemlich skrupellos verfährt.' — Meine Deutungen gehen nicht von Dogmen aus, sondern von Anschauungen, wie sie jeder am Himmel nachsehen kann. Daß aus realen, konkreten Anschauungen die meisten Mythen bei allen Völkern entstanden sind, lehrt die vergleichende Völkerkunde der Neuzeit, um die sich auch die Forscher auf dem Gebiete der Einzelvölker bekümmern müssen, wenn sie nicht in veralteten Anschauungen stecken bleiben wollen. Viele der bisher von mir aufgestellten Mythendeutungen haben bei angesehenen Vertretern dieser Richtung Anerkennung gefunden. (Vgl. Dr. Paul Ehrenreich, Die Mythen und Legenden der südamerikanischen Urvölker. Berl. 1905, S. 11 ff.; und i. d. Ztschr. f. Ethnol. 1906, S. 536 ff. [Götter und Heilbringer]; Ed. Seler i. d. Ztschr. f. Ethnol. 1907, Heft 1 [Einiges über die natürlichen Grundlagen mexikanischer Mythen, S. 1—41], der durch den hier und schon in den Erläuterungen zum Codex Borgia [Berl. 1904] gegebenen Nachweis, daß ursprünglich Tezcatlipoca der zunehmende, Quetzalcouatl der abnehmende Mond war, meine Deutungsversuche unterstützt.) — Die Tatsache, daß es auch bei den Griechen männliche Mondgötter und Sonnenmädchen gab, erkennt auch neuerdings A. Döhring, Etymol. Beiträge zur griech. u. dtschen Mythol. Progr. (No. 6.). Kgsbg. Pr. 1907. S. 11, an; sie ist bei ihm Voraussetzung seiner Darstellung. Auch Forscher, wie G. Hüsing und H. Lessmann u. a., leugnen sie nicht. Kompetent ist schließlich, wer richtig urteilt. Die älteren Sagenforscher haben aber augenscheinlich oft unrichtig geurteilt, und bloßer Autoritätsglaube ist verderblich. — Der Name Dogma scheint mir aber vornehmlich für die starre Verneinung einer von vornherein als logisch notwendig erscheinenden, sodann durch viele Tatsachen bewiesenen Annahme zu passen. — Wenn der ungenannte Kritiker im Lit. Centralbl. schließlich wünscht: ,Möge es dem Verf. nicht gelingen, was er offenbar beabsichtigt, mit seiner „Mondsucht" andere anzustecken!' — so beabsichtige ich zwar niemand ,anzustecken', hoffe aber, daß meine Gründe Beachtung finden und von denen geprüft werden werden, die mit den bisherigen Ergebnissen der Sagenforschung nicht zufrieden sind, wozu in erster Linie wohl diejenigen zu zählen sind, welche sich seit einem Jahre zu der ,Gesellschaft für vergleichende Mythenforschung' vereinigt haben.

offenbar als einem Geburtsgott. Diese Eigenschaft sowie die angeführten Namen charakterisieren ihn als Mondnumen. Er besaß ‚unaussprechliche Schönheit' (ἄφατόν τι κάλλος)[1]. Ähnlich mögen die Erzählungen von Iphis, die erst geopfert werden sollte, später von Poseidon in einen Mann verwandelt wurde, und von Kaineus, der erst ein Mädchen war, aufzufassen sein. ‚In diesen merkwürdigen Geschichten vom Geschlechtswechsel spiegelt sich offenbar die oben berührte Tatsache wieder, daß bei den heidnischen Völkern die Lichtgottheiten bald als männlich, bald als weiblich verehrt wurden'[2].

Die dogmatische Schranke, daß in Griechenland das Mondnumen nur männlich sein könne, besteht also nicht; man hätte a priori einsehen müssen, daß sich solche negativen Bestimmungen auf mythologischem Gebiet, auf dem denn doch mehr Phantasie und bunte Mannigfaltigkeit als mathematische Logik und strenge Einheitlichkeit herrschen, nicht aufstellen lassen. Daß der Mond als männliche Person denkbar ist, zeigen eben die Mythen vieler Völker zur Genüge. Mag man nun also 10, 20, 100 Fälle aufführen, in denen er den Griechen als weiblich erschien, so folgt daraus keineswegs, daß er nicht in anderen 10 oder 100 Fällen auch von ihnen als männlich aufgefaßt werden konnte. Aber viele Gelehrte hatten nun einmal früher diesen Aberglauben. Er hat es verschuldet, daß trotz der mannigfachen Anstrengungen, die Gestalt des Gottes Hermes aus einer einheitlichen Quelle abzuleiten, doch noch niemand auf den Mond verfallen ist; er hat es wahrscheinlich auch mit verschuldet, daß Christ. Mehlis in seinem Buche ‚die Grundidee des Hermes vom Standpunkte der vergleichenden Mythologie aus' (I. Abtlg. Erlang. 1875, II 1877)[3] nicht das Richtige getroffen hat; die Mehlis'sche Schrift ist jedoch nach meiner Meinung, im ganzen

[1]) Anton. Lib. 17. Döhring, Etymol. Beitr. 22. — [2]) Döhring, Etymol. Beitr. 23. — Meine Mythol. Br. 189 A. 5. — Dionysos, Zagreus, Pelops tragen die Merkmale echter Mondheroen an sich. — [3]) ‚Mir ist keine Gottheit bekannt, die sich so viele willkürliche Deutungen hat gefallen lassen müssen'. Ro. Wg. 9. — A. Döhring findet, weil er jenen Aberglauben nicht teilt, meine bisher anderwärts kurz und unvollständig skizzierte Auffassung vom Mondgott H. „sehr wahrscheinlich", a. a. O. S. 11.

genommen, noch immer das Beste, was bisher über H. geschrieben ist, obwohl sie, besonders in der 2. Abteilung, auch noch zu viel des Phantastischen und Mystischen enthält und stellenweise gar zu weitschweifig ist. Die Roschersche Schrift ist dagegen ein großer Rückschritt[1] zu nennen. Es ist durch Mehlis m. E. über allen Zweifel klar gestellt, daß H. ein Lichtwesen ist; aber H. ist ihm der Gott des Sonnenaufgangs und Sonnenuntergangs, Gott des Zwielichts; der Gott hat eine ‚Doppelnatur, die zwischen Licht und Nacht schwankt' (84, 85). Ist das ohne weiteres klar und verständlich? Nirgends denkt M. auch nur entfernt an den Mond, (dem doch eine Doppelnatur, eine dunkle und eine helle so augenfällig zukommt); selbst da nicht, wo er von des H. Gleichsetzung mit Hekate handelt (106f), die er doch richtig als Mondgöttin faßt. Dem Mond überhaupt, vor allem einem männlichen Mondgott, wollte man eben damals noch keinen Platz in einer griechischen Mythologie gönnen, so kräftig auch schon Welcker in der Griech. Götterlehre die außerordentliche Bedeutsamkeit des Mondes für die griechische Götterlehre betont hatte[2]; aber für die Mehrzahl der Forscher sollte erst noch der Nachweis geliefert werden, eine wie mächtige Rolle die Mondgottheit im Glauben der ältesten Zeiten gespielt hat, wie diese als göttlich angesehene Macht das ganze Denken erfüllt, auf alle Lebensverhältnisse Einfluß geübt hat, so daß eine große (auch das Geschlecht berührende) Mannigfaltigkeit der Auffassung a priori anzunehmen ist. Neben dieser Miß-

---

[1]) Sie hatte in ihrer Auffassung einen Vorläufer gehabt in A. Kuhns Hypothese von Hermes = Sâramêyas, dem Sohn der Saramâ, die nach Kuhn eine Personifikation des Windes sein soll. Wir kommen vielleicht später darauf zurück. Auch andere (Bursian, Mannhardt, v. Hahn) sahen in H. einen Windgott. Ro. Wg. 13 A. 20. — [2]) I, 553; 586. — Die Wichtigkeit des Mondes für Babylon und das Alte Testament ist neuerdings besonders durch H. Winckler, E. Böklen und Fr. Hommel, für Iran durch G. Hüsing, für Indien durch A. Hillebrandt, für die deutschen Märchen durch H. Lessmann, in helles Licht gesetzt worden. Für die Vorstellungen der sogen. Naturvölker sei auf P. Ehrenreich verwiesen: ‚In der Tat ist der Mond der wahre Führer durch das Labyrinth der mythologischen Vorstellungen. Wer da glaubt, seiner entraten zu können, wird sicherlich mit seinen Deutungen in irgend einer Sackgasse stecken bleiben'. (‚Götter und Heilbringer', Ztschr. f. Ethnol. 1906, S. 558.)

achtung des Mondes trägt an Mehlis Irrtum die Hauptschuld jener Fehler der Kuhn-Müllerschen Richtung, sich zu einseitig an die Bedeutung der Namen und Beiwörter zu halten und von ihnen auszugehen, statt das Stoffliche der erzählten Mythen zugrunde zu legen. „Was die eigentlichen Mythen betrifft", sagt M. S. 5, „so ist es untunlich, sie zum Hauptausgangspunkt zu machen." S. 47 erklärt er sich nicht auf eine spezielle Erklärung des im sogen. homerischen Hymnus behandelten Mythus einlassen zu wollen. (Später geschieht es wohl [S. 87 ff.], aber nicht eingehend genug; der Hymnus ist ihm nur eine Quelle von sekundärer Bedeutung.) Es dürfte aber doch klar sein, daß zur Erkenntnis des eigentlichen Wesens einer göttlichen Gestalt, neben der Berücksichtigung des Namens, des Kultus, der Beiwörter, auch durchaus notwendig ist, sich genau anzusehen, was denn eigentlich von ihr erzählt wird und was für Handlungen ihr zugeschrieben werden. Wir werden nicht umhin können, dies in der folgenden Darlegung gebührend zu berücksichtigen. Es könnte nun vielleicht angezeigt scheinen, die Zeugnisse der Überlieferung nach der Zeitfolge ihrer Aufzeichnung an uns vorübergehen zu lassen, also zu fragen: Was steht bei Homer, was bei Hesiod über H.? Was teilt der große sogen. homerische Hymnos (No. 2; der kleine No. 18 kommt daneben kaum in Betracht) über H. mit? Weiter, was stand bei Alkaios, der einen berühmten Hymnus auf H. gedichtet hatte, den wir aber nur aus Anführungen und aus der freien Nachdichtung[1] des Horaz kennen? Was erfahren wir aus den Tragikern usw.? Wir würden bei dieser Einteilung jedoch vielfach in der Lage sein, mit den dunkelsten und schwierigsten Fragen beginnen zu müssen, z. B. den noch der Erklärung bedürfenden Namen und Beiwörtern (wie Hermeias, Argeiphontes, *διάκτορος* u. a. m.), welche vielleicht schon den homerischen Sängern als unverständliche oder schwer verständliche Wortbildungen der Vorzeit erschienen; der Leser würde ermüden, noch ehe ich die Hauptstützen meiner Be-

[1]) Solche ist für Hor. c. I, 10 nach dem Zeugnis Porphyrios anzunehmen: hymnus est in Mercurium ab Alcaeo lyrico poeta. L. Müller, Hor. I, 146.

hauptung, daß H. ein uralter Mondgott ist, aufgerichtet hätte. Außerdem müssen wir es bei Untersuchungen zur Sagenkunde, wenigstens vorläufig noch, für statthaft halten, eine gewisse Gleichwertigkeit der Überlieferung desjenigen Zeitalters anzunehmen, dem noch keine bewußte Fälschung im großen zuzutrauen ist, weil die Achtung vor den aus der Vorzeit überkommenen Göttererzählungen überwog und die Scheu einer Änderung der Überlieferung sich höchstens in bezug auf unbedeutende Nebensachen schwach zeigte[1]. Auch die nachhomerischen Quellen enthalten meist einen uralten Kern, ein Stück uralten, weit über Homer hinausreichenden Glaubens.

H. für einen Mondgott zu halten, veranlaßt mich nicht etwa der Vers eines magischen Hymnus, der es mit dürren Worten sagt:

Ἑρμῆ κοσμοκράτωρ ἐγκάρδιε κύκλε Σελήνης[2].

Es könnte das späte Phantasterei sein, wie denn diese etwa aus dem 3. oder 4. Jahrhundert n. Chr. stammenden Hymnen allerhand mystische, auch jüdisch-christliche, Vorstellungen ineinandermischen (Wessely S. 33f); obwohl ich der Ansicht bin, daß auch solche Wendungen unter Umständen als Zeugnisse für bestehende Volksvorstellungen betrachtet werden können. Bestimmend für mich ist der Umstand, daß dem H. erstens *zusammen mit der Mondgöttin Hekate* an *jedem Neumond* geopfert wurde, sodann die andere daneben seit ältester Zeit bei den Griechen feststehende Sitte,

---

[1]) Man hat diesen Behandlungsgrundsatz (vgl. Mythol. Br. 19, 61—63) mehrfach als Mangel an Kritik getadelt. Ich verachte die Kritik der Quellen nicht, trete aber dem Aberglauben entgegen, als müßte in der am frühsten aufgezeichneten Form einer Sage durchaus immer die älteste und *echteste* Form gesehen werden. Vgl. hierüber H. Lessmann, Die Kyrossage in Europa. Progr. Charlottenbg. 1906, S. 5 f. — Müllenhoff findet mit Recht in Saxos Bericht über Balder-Höder eine ältere Form der Sage als in den sogen. Eddaliedern! — [2]) H. mag. in Merc. 1, Wessely i. d. Denkschriften d. Kais. Ak. d. Wiss. Philos.-hist. Kl. Bd. XXXVI. Wien 1888, II, 28. Der Hymnus ist immerhin interessant, und ich setze ihn her (nach der Wessely'schen Restitution, denn der überlieferte Text ist arg zerrüttet). Wessely S. 27, sagt:

H. am vierten Tage des Monats, das will sagen jedes Monats, zu verehren und seine Geburt zu feiern. Bei dem Philosophen Porphyrius in der Schrift: ‚Über die Enthaltsamkeit vom Fleischgenuß‘, sagt ein gewisser Klearch aus Methydrion in Arkadien, der wegen seiner Frömmigkeit und unblutigen Opfer belobt wird, von sich, ‚er opfere mit größter Sorgfalt immer zu den gehörigen Zeiten, indem er jeden Monat an den Neumondtagen den Hermes und die Hekate bekränze und schmücke und ihnen mit Weihrauch und Opferkuchen opfere‘[1]. Und Plutarch in den Tischgesprächen bezeugt: ‚Dem Hermes ist von den Zahlen besonders die Vier heilig, und viele berichten, daß der Gott am 4. Monatstage geboren sei‘[2]. Im hom. Hymnus v. 19 steht, daß H. die Rinder stahl *τετράδι τῇ προτέρῃ, τῇ μιν τέκε πότνια Μαῖα*, d. h.

‚die griechischen Götter sind mit Beinamen ausgestattet, die jeden Mythologen staunen machen werden‘.

Ἑρμῆ κοσμοκράτωρ ἐγκάρδιε κύκλε Σελήνης
στρογγύλε καὶ τετράγων' ἐναγώνιε — — —.
πειθοδικαιόσυνε χλαμυδηφόρε πτηνοπέδιλε
παμφώνου γλώσσης ἀρχηγέτα λαμπάσι τέρπων
αἰθέριον δρόμον εἱλίσσων ὑπὸ τάρταρα γαίης
ἥλιον ἡνιοχῶν κόσμου τ' ὀφθαλμὲ μέγιστε
πνεύματα τούς τε βροτοὺς πέμπων βίον ἐκτελέσαντας
Μοιρῶν προγνώστης σὺ λέγῃ καὶ θεῖος ὄνειρος
ἡμερίνους χρησμοὺς καὶ νυκτερίνους ἐπιπέμπων·
ἴασαι τὰ βροτῶν ἀλγήματα σαῖς θεραπείαις·
δεῦρο μάκαρ **Μνήμης** *τελεσίφρονος υἱὲ μέγιστε*
σῇ μορφῇ ἱλαρός τι φάνηθί μοι ἠδ' ἐπίτειλον
ὄφρα τε μαντοσύνης τῆς σῆς μέρος ἀντιλάβοιμι,
ἵλαθί μοι δέομαί τε καὶ ἀψευδῶς προφανείης.

[1]) Porphyr. de abst. II, 16: *Τὸν δὲ Κλέαρχον φάναι ἐπιτελεῖν καὶ σπουδαίως θύειν ἐν τοῖς προσήκουσι χρόνοις, κατὰ μῆνα ἕκαστον ταῖς νουμηνίαις στεφανοῦντα καὶ φαιδρύνοντα τὸν Ἑρμῆν καὶ τὴν Ἑκάτην καὶ τὰ λοιπὰ τῶν ἱερῶν, ἃ δὴ τοὺς προγόνους καταλιπεῖν, καὶ τιμᾶν λιβανωτοῖς καὶ ψαιστοῖς καὶ ποπάνοις.*— [2]) Plut. Quaest. conviv. IX, 3, 2: *Ἑρμεῖ δὲ μάλιστα τῶν ἀριθμῶν ἡ τετρὰς ἀνάκειται· πολλοὶ δὲ καὶ τετράδι μηνὸς ἱσταμένου γενέσθαι τὸν θεὸν ἱστοροῦσι.* — Vgl. dazu Schol. in Arist. Plut 1127: *Ἡ τετρὰς ἐνομίζετο τοῦ Ἑρμοῦ· καὶ καθ' ἕκαστον μῆνα ταύτῃ τῇ ἡμέρᾳ ἀπετίθεντο τῷ Ἑρμῇ· ἔξω γὰρ τῶν ἑορτῶν ἱεραί τινες τοῦ μηνὸς ἡμέραι νομίζονται Ἀθήνησι θεοῖς τισίν, οἷον νουμηνία καὶ ἑβδόμη Ἀπόλλωνι τετρὰς Ἑρμῇ, καὶ ὀγδόη Θησεῖ.*

(nach Baumeister bei A. Gemoll, Ausg. S. 197) ‚in der ersten Tetrade (am ersten Viertage des zweigeteilten Monats), an welchem ihn die hehre M. gebar‘. — Kann man einen solchen Glauben von der Geburt einer Gottheit an einem bestimmten Tage jedes Monats vernünftiger Weise auf einen anderen Grund zurückführen als auf den, daß diese Gottheit eben der Mond selber oder mindestens eine vom Mondumlauf durchaus abhängige und mit ihm verbundene Naturmacht sei? (Denn von Hause aus ist natürlich an Mondmonate, vom Neumond an beginnend, zu denken). Da die erste Annahme schon von vornherein höchst angemessen erscheint, weil der Mond überall in der Welt[1], besonders aber bei den indogermanischen Völkerschaften, wenn nicht geradezu der Hauptgott, so doch neben der Sonne ein Hauptgott war, und da sich bei der zweiten Annahme, wie mir wenigstens scheint, nichts ausfindig machen läßt, was den Kern abgeben könnte zu einem großen und alten Gotte (denn ein solcher ist H.), so bleibt nur die erste Annahme übrig. Ja, als Mondgott wird H. wie die Mondgöttin[2] Hekate am ersten Tage jedes Monats, d. h. am Neumondtage, geboren. Diese notwendige Erwägung schon ganz allein reicht für mich eigentlich völlig aus, um den Ausgangspunkt seiner göttlichen Wesenheit zu erkennen, gerade wie die Tatsache, daß Janus zusammen mit der Mondgöttin Juno an allen 12 Kalenden geopfert wurde, an 12 Altären nach der Zahl der Monate, einen sehr deutlichen Hinweis auf die ursprüngliche Bedeutung dieses uralten und einst mächtigen italischen Gottes enthält[3].

---

[1]) ‚In der Religion der Babylonier spielen Mond, Sonne und Sterne die Hauptrolle‘. H. Winckler, Die babylonische Kultur. Lpz. 1902. S. 18. — ‚Die ältesten Vorstellungen der Semiten knüpfen an die Verehrung der Sonne, des Mondes und der Sterne an‘. Fr. Hommel, Der Gestirndienst der alten Araber. Münch. 1901, S. 4. — [2]) Vgl. Roscher im A. L. II 1888 (Speiseopfer allmonatlich am Morgen des neuen Mondes! — Ihre Beinamen: *φωσφόρος, ὑπολάμπτειρα, λαμπαδοῦχος, δᾳδοφόρος* usw. — [3]) S. Ro., A. L. II, 15. — Ich behalte mir vor, über Janus als Mondgott (von Wissowa als solcher nicht anerkannt), den Matutinus pater (Hor. S. II, 6, 10) an anderer Stelle ausführlicher zu handeln. Seine Gestalt ist zweifellos vom Monde ausgegangen, hat aber wie Rudra, Thor u. a. m. Züge des Sonnengottes an sich gezogen; Mythol. Br. 191 f.

Aber weshalb ist der vierte Monatstag als Geburtstag des Mondgottes gefeiert worden? Ganz einfach, weil da „der Mond zuerst wieder erschien“, wie Preller[1] sehr richtig sagt, ohne seltsamer Weise daraus einen Schluß auf H.'s Mondursprung zu ziehen. H. wird zwar im Neumond (Konjunktion von Sonne und Mond) geboren, aber sichtbar wird er erst nach drei[2] bis vier Tagen, bis dahin ist er gewissermaßen *προσέληνος* ‚vor dem Mondesglanz existierend‘[3]. Man kann also seinen Geburtstag mit Recht am 4. Tage nach dem Neumond feiern. Dieser Gedankengang kommt auch in anderen Mythologien zum Ausdruck. Vom ägyptischen Mondgott Chonsu sagt Brugsch[4]: ‚Der Gott wird am Tage des unsichtbaren Neumondes[5] im Schoße seiner Himmelsmutter Mut empfangen, am Tage des sichtbaren Neumondes findet seine Geburt statt, zur Zeit des Vollmondes ist er ein Jüngling oder Greis‘. Überhaupt spielen die drei Tage, während welcher der Mond bei der Sonne weilt und für die gewöhnliche Beobachtung unsichtbar ist, in vielen Mythen der verschiedensten Völker eine solche Rolle, daß ihre Bedeutung

---

[1]) Pr., Gr. M. I², 299 A. 2. In der 4. Auflage S. 391 A 1 fehlen die Worte, ebenso die wichtige Tatsache, daß H. auch zu den am ersten Monatstage verehrten Göttern gehörte. Eine entschiedene Verböserung des alten Preller! — [2]) Das sind die curvati ignes tertium lunae referentis ortum des Horaz (c. 4, 2, 57). — [3]) Mehlis S. 46. Ob sich aber aus Schol. zu Apoll. Arg. 4, 264 (*Μνασίας δέ φησι Προσέληνον Ἀρκάδων βασιλεῦσαι*) schließen läßt, daß das ein alter Beiname des H. war, ist mindestens unsicher. Die Arkader heißen selbst *προσέληνοι*. — [4]) Rel. u. Mythol. d. a. Aeg., S. 495 f.; vgl. Roscher im Wurzener Progr. 1895. S. 15. — [5]) Der ungenannte Kritiker meiner ‚Drachenkämpfe‘ im Lit. Centralbl. behauptet, Hermes sei „der am 4. Monatstage [also am vierten Tage nach der *νουμηνία*, d. h. nach dem ersten Wiedererscheinen der Neusichel, nicht wie S. behauptet, am 4. Tage nach der Konjunktion!] geboren‘. Die Alten teilten den natürlichen Monat nach den beiden Terminen des Neumondes (Calendae) und Vollmondes (Idus) in 2 Teile; mit dem ersten Termine ist der Tag des unsichtbaren Neumondes gemeint (die Konjunktion). Der ungenannte Kritiker möge einen Kalender zur Hand nehmen! Wenn die Germanen nach Caes. B. G. I, 50 glaubten, non esse fas Germanos superare, si ante novam lunam proelo contendissent, so beruht dies auf dem Aberglauben, daß, so lange das Licht abnahm, nichts wirksames geschehen könne und solle, oder daß die Macht des schützenden Gottes schwach sei. Mit dem Beginne des intermenstruum hört dieser Schwächezustand auf.

für Mondmythen jedem klar sein muß, der seine Blicke nur ein klein wenig auf diesem Gebiete hat umherschweifen lassen[1]. Mondmythen sind samt und sonders die zahlreichen, über den ganzen Erdball verbreiteten Sagen von Helden, die von einem Walfisch oder sonstigem Ungeheuer verschlungen und darnach wieder ausgespieen wurden. Leo Frobenius hat sie in seinem vortrefflichen Buche ‚Das Zeitalter des Sonnengottes' (Berlin, Reimer 1904) sehr ausführlich zusammengestellt und sie auf den ‚Sonnengott im Fischbauch' bezogen, doch ist dafür ‚Mondgott' zu setzen; denn nur dieser wird deutlich verschlungen und wieder ausgespieen. In den ältesten und besten Fassungen werden nun bestimmt drei (in einigen 4, zuweilen 2) Tage genannt, während deren der verschlungene (Mond-) Held im Bauche des Ungeheuers verbleiben muß, wie Jonas und Herakles[2] und der Held einer indianischen Sage bei Frobenius S. 87.

Es seien noch einige Sagen aus der großen Menge hervorgehoben, in denen sich die 3 Tage auf die Zeit der Monddunkelheit[3] (oder etwas ungenau, der dritte Tag auf das Wiederaufleuchten) beziehen.

Soma, der von A. Hillebrandt als Mondgott erwiesen ist, wurde vom Gandharven Viçvâvasu (nach Hillebrandt = Sonne) gestohlen; er blieb drei Nächte hindurch gestohlen[4].

Magni, der Sohn Thor's und der Jarnsaxa[5] ist beim Kampfe Thor's mit dem Riesen Hrungnir erst drei Nächte alt und

[1]) Man muß Ehrenreich (Götter und Heilbringer, S. 574) bis zu einem gewissen Grade Recht geben, wenn er mit Bezug auf gewisse Mythendeutungen sagt: ‚Die ganze Arbeit muß auf ethnologischer Grundlage von neuem beginnen.' Jedenfalls ist zu richtigem Verständnis nur durch weitgehende Vergleichung zu gelangen. — [2]) S. Drchkpfe, S. 15 f.; 43. 47. 65 f. — Mehrere Tage stehen bei Frobenius S. 66; etwa zwei 79. Sehr schön ist die Eskimo-Sage vom verschlungenen Raben (= schwarzem Mond), der 4 Tage im Bauche des Walfisches bleibt, Frob. S. 85 f.; vgl. S. 228. 229. — [3]) Ganz verkehrt traut mir der ungenannte Kritiker meiner Drachenkämpfe im Lit. Centralbl. zu, daß ich diese Mondverdunkelung mit Mondfinsternis verwechsle. — [4]) Nach Taitt. Samh. VI, 1, 6, 5; Hillebrandt, Ved. Mythol. I, 434: ‚Die Erzählung der drei Nächte gibt uns Aufschluß über das Wesen dieses räuberischen Gandharven; denn so lange ist der Mond zur Neumondzeit nicht sichtbar und wohnt bei der Sonne'. — [5]) Jarnsaxa bedeutet: ‚Ehernes Messer habend'; dieser Mond-

erhält nach dem Siege des getöteten Riesen den Hengst Gullfaxi ‚Goldmähne‘ d. i. das Mondroß[1], d. h. tritt an des getöteten, schwarzen Hrungnir Stelle; seine Lichtgestalt wird eben erst nach drei Nächten, d. h. am 4. Monatstage, sichtbar[2]. — Ebenso erlegt Apollo den Drachen Python am 4. Tage nach seiner Geburt[3]. — Der junge Vogel Phönix (d. h. der junge Mond, der aus der Asche des alten, gestorbenen geboren ist), kehrt nach drei Tagen nach Phönicien zurück[4]. — Zeus ruht drei Tage bezw. Nächte bei Alkmene[5] (Konjunktion von Sonne und Mond), ebenso Sigurd bei Brunhilde[6], Sigmund bei seiner Zwillingsschwester Signy[6]. — Brunhilde hängt 3 Nächte hintereinander Gunther auf. — Hera verhindert drei Tage lang die Geburt des Herakles, bis am 4. die Geburt erfolgt; auch dem Herakles war wie Hermes der vierte Tag in jedem Monat geweiht. Herakles ist ursprünglich Mondgott[7].

Dasselbe dürfte also auch für Hermes (zunächst wenigstens) nicht unwahrscheinlich sein.

Es ist außerdem zu bedenken, daß Hermes ohne Frage ein uralter (althellenischer) Gott mit uralten Kultformen ist[8], und dies muß unseren Vermutungen schon an und für sich eine bestimmte Richtung geben. Sonne und Mond waren die ältesten Hauptgötter unseres Stammes[9], der Mond vielleicht noch älter als die Sonne. Ein Windgott ist bei den Indogermanen eine ziemlich unbedeutende und, wie es scheint, junge Persönlichkeit[10]. Das gilt doch klärlich vom indischen Vâyu; die Marut sind von Hause aus nicht Winddämonen; Rudra ist ganz etwas anderes als ein Sturmgott[11]. In Griechen-

---

name entspricht ganz dem Chrysaor ‚Goldsäbel‘, der ganz unzweifelhaft Mondgott, der große goldene Krummsäbel am Himmel, ist.

[1]) Vgl. Drexler bei Ro. A. L. II 2758 f. — [2]) Mythol. Br. 94 f.; 231. — [3]) Hygin. f. 140; Drchkpfe. S. 43. — [4]) Abicht zu Herod. II, 73. — [5]) Apollod. 2, 4, 8. — [6]) Nach Völs. S. — Drchkpfe. 102. 104. — [7]) Drachenkpfe. 66. — [8]) Pr., Gr. M. I[3], 294 ([4] 385); O. Gilbert, Gr. Götterl. (Lpz. 1898) S. 429. Über Spuren von Menschenopfern vgl. Gerh., Gr. Mythol. § 280, 1—2 (Mehl. 122). — [9]) Vgl. Caes. B. G. 6, 21; Siecke, Urreligion der Indogermanen. Berl. 1897. — [10]) ‚Le vent joue en somme un rôle assez effacé dans la mythologie védique‘. A. Bergaigne, Rel. véd. I, 279. — [11]) Vgl. ‚Der Gott Rudra im Rig-Veda‘ in Bd. I des Arch. f. Rel.-Wiss.

land gehören die Winde, Aeolus, Boreas, Zephyros usw. doch wahrhaftig nicht zu den großen Göttern. Der italischen Religion fehlt ein einheitlich gedachter Windgott überhaupt[1]; Odhin, den erhabenen Gott mit dem blauen Mantel, den einäugigen (seine beiden Augen sind Sonne und Mond, aber das eine versetzt er zeitweilig), den Besitzer des achtfüßigen Sonnenrosses Sleipnir, den mit Mime's Haupte (dem Monde in der Konjunktion) Worte wechselnden, um nur diese Züge zu nennen, kann nur eine unklare Einbildungskraft für einen Windgott halten[2]. Die ganze Windtheorie ist aufzugeben. Es ist an und für sich wenig glaublich, daß die Gestalt eines großen Gottes, der eine bedeutende Rolle gespielt hat und überall verehrt wurde[3], vom Winde ausgegangen sein soll, welchem gar kein sichtbarer Körper zukommt, den man sich wahrscheinlich zunächst nur als Wirkung irgend einer mächtigen göttlichen Persönlichkeit dachte, die man schon vorher kannte und der man großen Einfluß auf die Natur zuschrieb. Die ältesten Menschen haben ihre Götter ohne Frage sehen wollen; die Fähigkeit, aus einem physikalischen Prozeß, einem Vorgange, bei dem man die handelnden Personen nicht sehen konnte, sich solche im Verstande zu erfinden und ganz und gar hinzu zu denken, dürfen wir nicht als etwas zu frühes ansetzen.

Hermes war nun der Gott der seit uralter Zeit in Griechenland eingesessenen ländlichen Bevölkerung; den Charakter eines Hirten- und Herdengottes (eines *νόμιος* und *ἐπιμήλιος*) hat er sich im großen und ganzen bewahrt; ihm wurden besonders Böcke und Lämmer geopfert. Der große Gott am Himmel erschien jenen Menschen, deren ganzes Sinnen und Denken sich um ihre Herden drehte, selber als ein (goldener) Widder, oder auf einem Widder stehend oder einen Widder tragend, oder auf einem von zwei Widdern gezogenen Wagen fahrend. Daß aber der Widder ein im hohen Altertum beliebtes Bild (um das so vielfach mißbrauchte Wort Symbol

---

[1]) Worte Ro.'s A. L. II, 46. — [2]) A. Döhring, Etymol. Beitr. zur gr. u. dtschen. Mythol., S. 12 f., faßt ihn richtig als Mondgott. — [3]) Über das weite Gebiet seiner Verehrung („durch ganz Griechenland verbreitet") siehe O. Gilbert, Gr. Gl. 429.

zu vermeiden) für den Mond war, werde ich unten genauer darlegen.

Denken wir uns nun H. als Mondgott, so sind die Beiwörter weiß (λευκός) und glänzend (φαιδρός), welche er führt, gewiß klar und für ihn notwendig. Oder soll ich erst durch Stellen aus Dichtern und Scholiasten beweisen, daß der Mond wirklich weiß und glänzend (silbern) ist? Manche werden es vielleicht verlangen, wie ich denn die Erfahrung gemacht habe, daß etliche erst nach Hinweis auf Dichterstellen wie: ‚Der Mond kommt still gegangen Mit seinem goldnen Schein', — ‚Wo die Rosen schöner glühen Und das Mondlicht goldner blinkt' — zugeben wollten, daß man den Mond auch golden nennen kann[1]. Doch zu weitgehende Kleinlichkeit empfiehlt Untersuchungen, wie wir sie hier anstellen, keineswegs. Wichtiger ist der Hinweis, daß gerade das Wort φαιδρός Mondbeziehung hat; denn in der Minostochter Phaidra, der Gattin des Theseus, dürfte eine Mondheroine schwer zu verkennen sein; auch an Bildungen wie Leukippos (Weißpferd = Mondroß) entsprechend einem Chrysippos, Gullfaxi, Gulltoppr[2] usw. darf erinnert werden.

Haben wir nun eine wohlbegründete Vermutung gewonnen, was die Geburt des H. am 4. Monatstage zu bedeuten hat, so können wir so vorbereitet an die Erklärung anderer bedeutsamer Züge gehen. Zuvor sei noch gewissermaßen als Vorspiel an den schönen Horazischen Hymnus[3] auf H. erinnert, in welchem der redegewandte Enkel des Atlas außer als λόγιος und als Vorsteher der Palästra, besonders als pfiffiger Gott, als Bote des großen Zeus und der Götter, als Erfinder der Leier und als listiger Dieb alles ihm Gefallenden, angeredet und dann besonders an seinen berühmten an Apollo begangenen Rinderdiebstahl erinnert wird, nach welchem er dem erzürnten Apollo auch noch seinen Köcher von der Schulter wegstibitzte, so daß der göttliche Bruder über dies Übermaß von Durchtriebenheit lachen mußte. Es wird dann seine Unterstützung des Priamos bei der Zurückholung von Hektors

---

[1]) Vgl. auch Ro., A. L. II, 3130; (aurea Phoebe, Ov. Met. II, 723). — [2]) Mythol. Br. 95 A.; 166. — [3]) c. I, 10.

Leiche aus dem Lager der Griechen berührt und zuletzt seine Rolle als Geleiter der Seelen in die Unterwelt (ψυχοπομπός) gefeiert: ‚du zügelst mit goldenem Stabe die körperlose Schaar (der Schatten), ein Liebling der oberen Götter und der der Unterwelt'.

Der Leser wird mir vielleicht schon jetzt zugeben, daß sich seine Rolle als Götterbote und Seelenführer in die Unterwelt, sein goldener Stab und vor allem seine Beliebtheit bei den oberen Göttern und bei denen der Unterwelt besser für einen Mondgott als für einen Windgott schicken.

Kapitel II.

Verwandtschaftliche Beziehungen.

A. Abstammung. Hermes' Mutter Maia und seine Geburt.

Die verwandtschaftlichen Beziehungen und Abstammungslegenden, auch wenn sie sich widersprechen, dürfen bei den göttlichen Gestalten unter keinen Umständen außer acht gelassen werden[1]. Bei den Naturmythen bot sich zwar hier infolge der Vielheit der Beziehungen der freischaffenden Phantasie ein unendlich weites Feld, jedoch ergeben sich durch Vergleichung gewisse leitende Linien, gewisse überall maßgebende Gesichtspunkte.

Die Vaterschaft des Zeus ist zunächst für jeden der beiden großen Himmelskörper notwendig, obwohl andererseits Zeus noch viele andere Kinder haben kann und hat. Bei dieser Unbestimmtheit führt uns vielleicht die Betrachtung der Mutter weiter. Vgl. die Zusammenstellung des Materials (von Weizsäcker) in Roschers Ausf. Lex. Bd. II. Zunächst ist die dort versuchte Gleichsetzung von Maia[2] = *Μᾶ* = *Γᾶ* Mutter Erde entschieden abzulehnen[3]. Sollte die Auffassung von

[1]) Vgl. folgende Worte Steudings bei Ro., A. L. I, 1898: ‚Ist auch die genealogische Einordnung in den Mythenkreis immer erst jüngeren Ursprungs, so zeigt doch meist das Verhältnis von Eltern, Geschwistern und Kindern den Kreis richtig an, in welchen die betreffende Gottheit ihrem Wesen nach gehört.' — [2]) Nebenform ist *Μαιάς*; H. ist *Μαιάδος υἱός*, hymn. Hom. 73. 424 u. ö., oder *Μαίης ἐρικυδέος υἱός* 89. 550.

[3]) Auch die Zurückführung auf die $\sqrt{}$ mag und skr. Mahî (Benfey Kuhn, Grassmann; s. M. Müller, Beitr. [Lüd.] I, 247) dürfte nicht zu billigen

Maĩa = M u t t e r schlechthin richtig sein, was sehr wohl möglich ist, so wäre dies eher ein Hinweis darauf, daß sie eigentlich erst nach ihrem Sohne ihre Bezeichnung erhalten hat, um des Sohnes willen so benannt wurde; der Sohn, den wir als Mondgott auffassen, hat seine Mutter in dem vorigen Monde, weiblich gedacht. Eine große Rolle als solche Göttermutter hat Maia freilich nicht gespielt. Diese ‚M u t t e r‘ könnte aber zugleich auch so als Mutter aller Wesen, alles Lebendigen genannt sein, was ja die Mondgöttin in vielen Mythologien unzweifelhaft ist; man vergleiche die phrygische Magna Mater; in Elis trug Athene den Kultnamen *Μήτηρ* (Gilb., Gr. G. 409 A.). Bei den alten Mexikanern ist die Mondgöttin die Mutter der Götter, „unsere Großmutter“, zugleich „die große Gebärerin“ und Kriegsgöttin (Seler). „Maia ist in Griechenland immer eine wesenlose Gestalt geblieben“ [1], ohne eigentlichen Kult. Es liegt die Vermutung nahe, daß Maia nur einer der zahllosen Mondnamen ist. Aber wie kommt sie unter die Plejaden, diesen am Nacken des ‚Stieres‘ befindlichen Sternenhaufen, der zugleich das Siebengestirn genannt, bei uns auch wohl als ‚Gluckhenne‘ bezeichnet wird [2]? Die Plejaden waren den Griechen des homerischen Zeitalters wichtig, sie werden in der Ilias und Odyssee an je einer Stelle erwähnt und zwar mit besonderem Nachdruck. Der Gott Hephaistos [3] bildet sie neben Erde und Himmel und Meer, Sonne und Mond, auf dem Schild des Achilles ab; neben den eben bezeichneten Dingen nämlich stellt er dar: ‚alle jene bekannten Sterne, mit denen der Himmel ringsum besetzt ist: die P l e j a d e n und H y a d e n und die Gewalt des Orion und die B ä r i n, die man auch mit dem Beinamen ‚W a g e n‘ benennt‘. In der Odyssee schaut Odysseus die ganze Nacht am Steuer sitzend nach den P l e j a d e n aus und dem

---

sein, obwohl Beachtung verdient, daß die der Maia verwandte Kallisto, die Tochter des Nykteus (des Nächtlichen), auch Megisto hieß (Ro. A. L. II, 931). Die allgemeine Bezeichnung ‚G r o ß e, E r h a b e n e‘ wäre immerhin nicht unpassend. Es würde dann doch ein gewisser Zusammenhang mit der altitalischen Göttin Maia vorhanden sein. — [1]) Weizs. a. a. O. 2234. — [2]) R. Wolf, Handbuch der Astronomie (Zürich 1890), § 295. — [3]) Il. XVIII, 483—87.

Bootes und der Bärin, ‚die man auch mit dem Beinamen ‚Wagen' benennt'[1]. Die Plejaden sind also dem homerischen Griechen Richtungsmale für die Schiffahrt. Nun ist hier ein Mythus heranzuziehen, den die Odyssee[2] bei Erwähnung der Plankten, ‚wie sie die seeligen Götter nennen', zu deutsch der ‚Schlagfelsen' bietet; Kirke warnt den Sohn des Laertes vor ihnen. Es sind die Symplegaden der Späteren, in den Osten am Eingang des Pontus Euxinus gesetzt. Von diesen Plankten sagt Homer: ‚Dort kommen nicht einmal Vögel vorbei, auch nicht die Tauben (*πέλειαι*), die scheuen, die dem Vater Zeus Ambrosia bringen; sondern auch von denen erfaßt immer eine der glatte Fels, doch eine andere sendet der Vater hin, damit die Zahl voll bleibe'. — Der kundige Sagenforscher sieht auf den ersten Blick, daß hier ein Mondmythus vorliegt. Der Mond ist überall Träger und Behälter des Unsterblichkeitstrankes, oft genug ist er geradezu die Schale voll Ambrosia, die himmlische Trinkschale[3]. Ebenso ist der Mond überall ein Vogel, sei es Adler, Geier, Sperber, oder sei es Gans, Schwan usw.; hier nun erscheint er als Taube. Dies ist er besonders nach semitischer Vorstellung (vgl. die Tauben der cyprischen und erycinischen Venus und die in eine Taube verwandelte Semiramis). Doch auch der griechischen Hekate[4] war die Taube heilig, ebenso Zeus; der Maia opferte man Tauben[5]. Im Planktenmythus nun sind die Tauben die Mondphasen. Von ihnen geht immer eine verloren (im Neumonde), aber der Vater Zeus schafft eine andere, um die Zahl wieder voll zu machen[6]. Wir haben, — dies muß wegen des Zuges, daß die Tauben dem Vater Zeus Ambrosia zutragen, festgehalten werden, — offenbar einen Mondmythus, keine ursprüngliche Sternensage vor uns; es hat nur eine Übertragung auf die Sternenwelt stattgefunden. Die Vielheit der Tauben (eine Zahl ist zunächst gar nicht genannt) ergibt sich von selbst aus der stetigen Erneuerung des Mondes, (wenn man einmal nicht an die Phasen denken will); hier ist diese Erneuerung

[1]) V, 271. — [2]) XII, 59 ff. — [3]) Mythol. Br. 68; Drchkpfe. 71. 83 f. — [4]) Porphyr. de abstin. 4, 16. — [5]) Ebd. 17. — [6]) *ἀλλ' ἄλλην ἐνίησι πατὴρ ἐναρίθμιον εἶναι.*

noch besonders deutlich gemacht durch den als unvermeidlich bezeichneten Tod und die darauf erfolgende Ersetzung d. h. Neubelebung durch den Himmelsgott.

Man hat nun allerdings schon in alter Zeit, so wie es Preller tut, behauptet, diese Tauben *πέλειαι* oder *πελειάδες* seien die Plejaden *πλειάδες*; man nahm ein volksmäßiges, etymologisches Spiel an. Schon Pindar[1] hat sich diese Deutung zu eigen gemacht, und nach ihm andere. Athenaeus verteidigt ihre Richtigkeit eifrig[2]. Die Möglichkeit, daß die Deutung richtig ist und vielleicht auf alter Überlieferung beruht, läßt sich nicht bestreiten; sie ist von den meisten neueren angenommen[3]. Die dicht zusammenstehenden Sterne der Plejadengruppe konnten sehr wohl in ältester Zeit mit einem Schwarm fliegender Tauben verglichen werden. Es stimmen in dieser Beziehung mehrere Mythen räumlich sehr weit voneinander getrennter Völker sehr merkwürdig miteinander überein. Bei Leo Frobenius, Zeitalter des Sonnengottes[4], werden australische Plejadenmythen angeführt, in denen diese Sternengruppe entweder als ein Schwarm von weißen Papageien oder von Tauben erscheint; zugleich erinnert Frobenius an die deutsche Sage, wonach eine Bäckerfrau mit ihren Töchtern als Henne und Küchlein in die Plejaden versetzt wird. Ferner verdient es die höchste Aufmerksamkeit, daß in mehreren der australischen Mythen diese Tauben vom Orion verfolgt werden, was zu einer zwar nicht homerischen, aber doch griechischen Sage stimmt, wonach

---

1) *Πελειάδων ὀρειᾶν* Ne. 2, 17. — 2) Deipn. XI c. 12 p. 490 f.: *οὐ γὰρ τὰς πελειάδας τὰς ὄρνεις φέρειν τῷ Διὶ νομιστέον τὴν ἀμβροσίην, ὡς πολλοὶ δοξάζουσιν· ἄσεμνον γάρ.* — 3) S. Nägelsbach-Antenrieth, Hom. Theol. S. 42. A.
4) S. 361 ff. Dazu P. Ehrenreich, Myth. u. Leg. der südam. Urvölker, S. 38: ‚Universell ist die Auffassung der Plejaden als Haufen von Körnern, Schwarm kleiner Tiere, besonders Vögel, Bienen, Zicklein, Schar spielender Menschen (Kinder und Frauen). Den zahlreichen Beispielen aus aller Welt, die Andree (Gl. 64 p. 362 ff.) zusammenstellt, setzt Steinen (Gl. 65 p. 243 ff.) noch eine Anzahl südamerikanischer Parallelen entgegen: Mehlkörner bei den Bakairi, Zwergpapageien bei Moxo (auch Karaya), Bienenschwarm bei Tupi usw. Die in Nordamerika sehr verbreitete Mythe, die die Plejaden als spielende Kinder beim Tanz zum Himmel entrückt werden läßt, findet im Süden nur bei den Makusi ihre Parallele‘.

die den Plejaden gleich gedachten Peleiaden mehrere Jahre vom Jäger Orion verfolgte Mädchen waren, die endlich von Zeus in Tauben, und darauf in Sterne verwandelt wurden[1]. Auch Anklänge an die Schwanensage, die ich schon in meiner Liebesgeschichte des Himmels als Mondsage gedeutet habe, finden sich in diesen von Frobenius angeführten Formen mehrfach vor.

Wenn also dies sowie die alte Gleichsetzung der durch die Schlagfelsen fliegenden Tauben mit den Plejaden richtig ist, so könnten wir auch die Plejadenmythen wenigstens teilweise auf den Mond zurückführen, also etwa sagen, daß Vorstellungen von den Phasen auf dies Gestirn übertragen seien. Wenigstens erscheint mir dies als das wahrscheinlichste.

Dazu führt auch noch folgende Betrachtung. Über die Zahl der Plejaden sagt Homer nichts, und ich weiß nicht, wie R. Wolf in seinem Handbuch der Astronomie[2] zu der Behauptung kommt: ‚die älteren Schriftsteller, wie Homer, sprechen nur von 6 Plejaden, während Plinius, Hipparch und Ptolemaeus die obigen sieben Atlantiden anführen'. Wenn wir den Plankten-Tauben-Mythus auf die Phasen beziehen, so könnten wir ja an die hierbei beliebte Siebenzahl denken, doch wenn es nicht ausdrücklich gesagt wird, sind auch andere Zählungen statthaft.

Bei Hesiod[3] wird der Aufgang der ‚atlasentsprossenen Plejaden' als passender Beginn für die Erntezeit, ihr Untergang als solcher für das Pflügen bezeichnet. ‚Vierzig Tage und Nächte sind sie dann verborgen'. Ihre Zeit ist ferner geeignet zur Schiffahrt[4].

So sehen wir, daß sie bei Homer und Hesiod Beziehungen zu den Beschäftigungen des Landmannes und zur Schiffahrt haben, eine Rolle, die ihnen gewiß seit uralter Zeit zukam und ihnen bis in späte Zeit geblieben ist[5]. Bei den Römern, bei denen sie auch Vergiliae heißen, begann ebenfalls mit ihrem Aufgang im Mai die Schiffahrt und hörte mit ihrem

---

[1]) Schol. Pind. N. 2, 16. — Vgl. P. Ehrenreich a. a. O. S. 38. — [2]) § 295 A. — [3]) Op. 383 f. — [4]) Op. 619. — [5]) Arat. Phaen. 273—75.

Untergang im November auf[1]. Ähnliche Bedeutung hatte das Gestirn bei anderen Völkern[2], und für die Zeit Homers und Hesiods scheint sie sich auch bei den Griechen damit zu erschöpfen. Doch kennt Hesiod bereits Mythen von ihnen. Das zeigt zunächst das Beiwort ‚die atlasgeborenen', obwohl zunächst weiter nichts darin zu liegen braucht, als eine dichterische Bezeichnung des Westens. Außerdem kennt Hesiod den Mythus von den vor der Gewalt des Orion fliehenden Plejaden[3]. Mag er damit auch eine alte böotische Sage geben[4], so darf man doch angesichts des Vorkommens derselben Sage bei anderen Völkern[5] glauben, daß sie den Böotiern aus einer fremden Quelle zugeflossen ist. Für Homer aber ist noch keine Spur der späteren Sagen von den Plejaden als den sieben Atlastöchtern nachweisbar.

Es liegt also eine Kluft zwischen Homer und der später ausgebildeten Sage. Nach dieser wird das Gestirn übereinstimmend als Siebengestirn oder aus sieben Sternen bestehend bezeichnet. Bei Euripides[6] heißen sie *ἑπτάποροι* ‚siebenbahnig', was ohne Frage auf die angenommene Zahl zu beziehen ist. Die Späteren bleiben sich dann hierin einig, ohne dabei mehrfach ihre Verwunderung zu unterdrücken, daß den Plejaden, von denen man nur sechs Sterne sehe, dennoch sieben beigelegt zu werden pflegen. Schon Arat[7] in den Phainomena hebt diese Sonderbarkeit hervor und sagt, daß ‚dies Gestirn nur aus sechs Sternen bestehe, und daß ohne jeden Grund vom Volke sieben angenommen wurden, und daß nicht anzunehmen sei, einer davon sei verloren gegangen', womit offenbar gegen die landläufigen Mythen polemisiert wird. Ebenso sagt Ovid: (Pliades), Quae septem dici, sex tamen esse solent.[8]. Merkwürdig ist, so sagt auch Fr. Reu-

---

[1]) Pauly, Real-Encykl. V, 1742. — [2]) R. Wolf, Handb. d. Astron. § 295 A. — [3]) Op. 619. — [4]) Vgl. W. Christ, Gesch. d. gr. Lit.[4], S. 550 A. 7. — [5]) Vgl. Frobenius a. a. O. — [6]) Rhes. 529. — [7]) 266—71. — [8]) Fast. IV, 170. — Schol. Pind. Nem. 13 sagt, daß es *κατὰ τὴν ἱστορίαν* sieben seien, *κατὰ τὴν ὄψιν* sechs. — Hyg. f. 192: adeo confertae sunt, ut vix numerentur; nec umquam ullius oculis certum est, sex an septem numerentur. — ‚Sex tantum apparent, sub opaca septima nube est', Fragm. Ov. bei Bunte zu Hyg. f. 192.

leaux (die Sprache am Sternenhimmel, Berlin 1901 S. 13), daß man sie das Siebengestirn nannte, obwohl sie nur sechs helle Sterne neben einer Anzahl ganz kleiner umfassen. Die Sache liegt nun freilich so, daß ein normales Auge in der Tat 7 Sterne sehen kann, unter Umständen sogar 8. Einer aber ist etwas getrübt, weniger gut sichtbar; er gehört zu den veränderlichen Sternen. (Mündliche Mitteilung des Herrn Prof. Archenholz, Direktors der Treptower Sternwarte, in der Sitzung der Gesellsch. für vergl. Mythenforschung am 19. Nov. 1907. — Ähnlich R. Wolf im Handbuch der Astronomie § 296, vgl. § 630 A.) Also auch in Griechenland wird man trotz der oben angeführten abweisenden Urteile von Griechen wenigstens manchmal 7 Plejaden gesehen haben, doch wird man daneben annehmen dürfen, daß die Vorliebe für die heilige Siebenzahl zur Festigung der Annahme beitrug, daß es sieben, nicht sechs, Sterne seien. Dazu kommt: Es herrscht ein merkwürdiges Schwanken in der Bezeichnung des ‚Siebengestirns' und des ‚Wagens'. Als Siebengestirn wird ja auch der große Bär, die septem triones der Römer bezeichnet. Die Griechen nennen ihn die Bärin, die sie, wie Homer sagt, auch mit dem Namen ‚Wagen' benennen. Bei den Indern aber wird für den Plejadennamen kṛittikâs die Grundbedeutung ‚Wagen' angegeben. Freilich äußern sich die gelehrten Herausgeber des Petersburger Sanskrit-Wörterbuches hierüber nur mit Zurückhaltung: krittikâ ... f. pl. N. eines Sternbildes, der Plejaden; bilden in älterer Zeit das erste[1], in der späteren das dritte Mondhaus und haben Agni zum Regenten. Dies aus sechs Sternen bestehende Sternbild wird bald als Flamme ... bald als

[1]) Vgl.: ‚Der alte Anfang der indischen Nakshatrareihe bei den Krittikâ oder Plejaden war schon in der chaldäischen Astronomie der bis in das erste vorchristliche Jahrtausend hinein festgehaltene Ausgangspunkt aller Ekliptikeinteilungen (Mond- und Planetenstationen, wie auch der zwölf Sonnenstationen oder des eigentlichen Tierkreises)'. Fr. Hommel, Grundr. 222. Die dort A. 2 (in Anlehnung an P. de Lagarde) aufgestellte Behauptung, daß *Πλειάδες* ein eranisch-skythisches Lehnwort (avest. Paoirya, d. i. Paurya, ‚an der Spitze stehend', pers. parvîn ‚Plejaden') sei, nur mit volksetymologischer Anlehnung an *πελειάς* ‚Wildtaube' — erscheint doch sehr bedenklich.

Scheermesser . . . dargestellt. In der Mythologie sind die 6 Plejaden die Ammen des sechsantlitzigen Kriegsgottes . . . Die appellative Bedeutung soll Wagen sein . . . Der Form nach schließt sich kṛittikâ an kṛitti (Fell, Haut) an; vielleicht stellte man das Sternbild als Fell[1] dar'. — Es folgt darnach ein Artikel kṛittikâñji ‚das Zeichen eines Wagen habend'.

Zunächst sehen wir, daß die Inder nur sechs Sterne zählten. Sollte aber die Bedeutung von kṛittikâs wirklich ‚Wagen' sein, so könnte man vermuten, daß bei einem benachbarten Volk, ich meine bei den Babyloniern, von denen auch die Inder wohl zuerst die Sternkunde gelernt haben, der Name Wagen schwankend für die Bärin und die Plejaden gebraucht wurde. Der eine Wagen (die Bärin) hatte unzweifelhaft sieben Sterne; bei dem anderen (den Plejaden) war dies weniger sicher; doch gewöhnte man sich wegen der Gleichsetzung mit dem andern Wagen es als sicher anzunehmen.

Wenn wir nun an verschiedenen Stellen des Erdballs den gleichen oder ganz ähnlichen Mythus vorfinden, durch den die Lichtschwäche oder Dunkelheit des siebenten Sternes erklärt werden soll, so läßt sich die Vermutung kaum abweisen, daß dieser Mythus in der Tat von einem bestimmten Punkt, etwa von Babylon, aus seinen Ursprung herleitet. Für Griechenland nun glaube ich nach dem Befund der vorhandenen Plejadenmythen folgendes behaupten zu können:

Dem homerischen Zeitalter war das Gestirn der Plejaden Richtungsmal für die Schiffahrt, diente wohl auch als Zeitmal für diese sowie für die Werke des Landmannes. Vielleicht wurden sie damals schon oder wenig später als ‚Atlasentsprossene' d. h. im fernen Westen befindliche und ferner als ein himmlischer Taubenschwarm angesehen. Hier knüpfte die fremde Sage an, daß diese Tauben eigentlich verwandelte Mädchen seien, vom Orion verfolgt oder gejagt. Da sich

---

[1]) Bei den Griechen kommt noch die Benennung βότρυς ‚Traube' vor; Südamerikaner erkannten in dem Sternbilde bald Mehlklumpen, bald Blütenbüschel (Frobenius, Zeitalter des Sonneng., 364).

diese Form bei sehr entfernt wohnenden Völkern findet[1] und die Herleitung aller aus Griechenland schwierig oder unwahrscheinlich ist, so muß diese Mythe als Spur einer Einwirkung des Orients auf Griechenland, einer Übertragung vielleicht von Babylon her, (doch bleibe dies vorläufig dahin gestellt,) gelten.

Auch die Angabe des Grundes wird derselben Quelle entnommen sein, nämlich daß sich eins der verwandelten Mädchen schämte; denn hierzu stimmt die von L. Frobenius mitgeteilte neuholländische Mythe, wonach ‚sich eine der Plejadenmädchen wegen ihrer Unvollkommenheit verbirgt; außerdem werden die Jünglinge Berai-Berai an den Himmel versetzt, als sie die schönen Plejaden verfolgen. Der Orion stellt auch sonst wohl zwei jagende Jünglinge dar'.

Bis hierher also nehme ich bei dem griechischen Mythenkomplex Entlehnung oder Anstoß von außen an. Alsbald aber trat, so scheint es mir, griechische Um- und Überarbeitung ein. Die griechischen Gelehrten oder Dichter oder Priester, wie man will, zeigten sich geschäftig, längst vorhandene Sagen und Erzählungen mit diesen neu aufgekommenen Anschauungen zu verknüpfen. Es wurden altüberlieferte, von Hause aus in keinem Zusammenhange miteinander stehende Sagen zum Ausdruck bestimmter kalendarischer Vorstellungen künstlich oder gewaltsam zu Sternsagen umgedeutet, sodann geordnet und zusammengestellt und in ein bestimmtes astronomisches System eingezwängt. Genommen wurden dazu Erzählungen von Personen, deren himmlischer Rang anerkannt, deren Beziehung zu den lichten Regionen der Götterwelt bekannt war, und von denen man schon vorher erzählt hatte, daß sie sich verborgen hatten, oder verschwunden und aus der Reihe der Lichtgötter (zeitweilig) ausgeschieden waren. Diese Erzählungen waren samt und sonders Mondmythen; solche bilden überhaupt die Unterlage sehr vieler ungeformter und auch zu Stern-

[1]) Frobenius a. a. O. S. 362: ‚In Nordostasien bei den Tschuktschen gelten die Plejaden als eine Gruppe von Weibern, die von einem Bogenschützen im Orion verfolgt werden'.

sagen umgedeuteter Mythen. Dies Verhältnis ist schon für eine ganze Anzahl Mondsagen nachgewiesen, so z. B. für die von Orion; ferner für die von Kallisto. Sehr richtig urteilt Franz in Roschers Ausführlichem Lexikon[1]: ‚Von einem Zusammenhang des Sternbildes der Bärin mit der Sage von Kallisto kann in der älteren Zeit keine Rede sein‘. Kallisto ist ohne Frage die an die Stelle der Artemis getretene Mondgöttin der Arkader. Ähnliches geschah auch anderwärts. In Indien z. B. wurde der alte Mondgott Brihaspati später zum Planeten Jupiter[2]. Auch an den homerischen Planktenmythus sei in diesem Zusammenhange noch einmal erinnert. Die bei den Griechen schon in früher Zeit vorhandene Neigung zur Versetzung von Nymphen und Heroen unter die Sterne wurde denn im alexandrinischen Zeitalter, beispielsweise besonders von Arat, weiter ausgebildet. Bei den Plejaden wird die Umformung nachher im einzelnen nachgewiesen werden. Zuvor noch einiges über den Gesamtnamen.

Zunächst sei hervorgehoben, daß neben der Mehrzahl Plejaden auch die Einzahl Pleias als Name des Sternbildes vorkommt[3]. Ebenso wird auch ihre Mutter Pleione als Inbegriff der Plejaden genannt. Da es als feststehender Grundsatz bei allen mythologischen Betrachtungen gelten kann, daß sich eine Vielheit gleichartiger Gestalten aus der Einheit entwickelt hat[4], (nicht umgekehrt, so zuversichtlich man dies auch behauptet hat), so muß wenigstens als Möglichkeit zugegeben werden — unbeschadet der Wichtigkeit, die den Plejaden als Gestirn zukommt, — daß man ursprünglich in Griechenland nur von einer Pleias, der Wiederholung ihrer Mutter Pleione, wußte. Wenn wir bei Hygin f. 192 die Notiz finden, die Plejaden seien aus Schmerz über den Tod ihres von einem Eber oder Löwen getöteten Bruders Hyas dahingeschwundene (consumptae) und dann zu Sternen geworden, so erkennen wir in dem Hinschwinden oder Verzehrtwerden einen allen Mondsagen gemeinsamen

---

[1]) II, 934. — [2]) Hillebr. Ved. Myth. I, 408. — [3]) Eur. J. A. 8, Jon 1152 u. a. m. (vgl. Pape-Benseler). — Stoll bei Ro., A. L. u. Pleione. — [4]) Vgl. Mythol. Br. 112; Drchkpfe. 59 A. 3; 80; Ro., H. d. Wg. 14; Gruppe, Gr. Mythol. u. Rel.-Gesch. 1088.

Zug. Nach Apollodor war Maia die älteste[1], nach Simonides[2] die schönste der Plejaden. Sie kann als Erneuerung ihrer Mutter und Vertreterin der anderen Schwestern gelten. Ganz besondere Schönheit kommt ja allen Mondheroinen ordnungsmäßig zu. Die Namen der 7 Schwestern nun bieten die Verse:

Ἀλκυόνη Μερόπη τε Κελαινώ τ' Ἠλέκτρη τε
καὶ Στερόπη καὶ Τηϋγέτη καὶ πότνια Μαῖα[3].

Für Sterope erscheint auch der Name Asterope[4]. Dieser Name ‚Sternenantlitz', sowie der der Elektra ‚Hellglänzende', ‚Strahlende' und Kelaino ‚Schwarze' sind deutliche Mondnamen. Hat man sich erst einmal von der Anschauung frei gemacht, daß diese sieben Schwestern von Hause aus das Sternbild bezeichnet haben, so bleibt, um dies noch einmal hervorzuheben, angesichts der eben angeführten deutlichen Mondnamen (besonders des Namens Asterope) nur folgende Annahme übrig: Diese Namen sind ursprünglich Mondnamen; ihre Trägerinnen sind Pleiades als ‚die sich Füllenden' (jede einzelne ist eine Pleias; Benseler gibt den Namen deutsch nicht übel durch Fulla; über diese germanische Mondgöttin vgl. Mythol. Br. S. 110) oder besser wohl als ‚die Töchter der Vollen' der Pleione. Es sind diese Namen (und die vier andern) zunächst einmal aus der unendlich großen Zahl der Mondnamen von einem systematischen Kopfe zu dem bestimmten Zweck ausgewählt und zusammengestellt worden, um damit die letzten sieben Phasen des abnehmenden Mondes zu bezeichnen; Maia, die älteste Tochter, noch fast ‚die Mutter' (der Pleione gleich), die schönste; Asterope ‚das Sternenantlitz'; Elektra ‚die Hellglänzende' aber bereits *κυανῶπις*[5] ‚mit (teilweise) dunklem Antlitz; dann Kelaino

[1]) 3, 10, 2. — [2]) Bei Athen. 11, 490 E; Weizs. 2384; ausführlich auch Heyne zu Apollod. 3, 10, 1. — Eine andere Namenreihe: Kokkymo, Glaukia, Protis, Parthenia, Maia, Stonychia, Lampado (Schol. Theokr. XIII, 25), die offenbar jünger ist, will ich hier gar nicht berücksichtigen. — [3]) Arat. Phain. 262. Von Cicero gegeben: Alcyone Meropeque, Celaeno Taygeteque Electra Steropeque, simul sanctissima Maia. Vgl. Heyne zu Apoll. 3, 10. 1, und Ilberg bei Ro., A. L. III, 2550 (u. Pleiaden). — [4]) Ps.-Hesiod, Schol. German. p. 88 (Ilberg a. a. O.). — [5]) In einem Verse unsicherer Herkunft: *Τηϋγέτη τ' ἐρόεσσα καὶ Ἠλέκτρα κυανῶπις*; Ilberg 2550.

die (fast schon ganz) Schwarze'; die letzte Phase des entschwundenen oder nicht mehr glänzenden Neumondes, ist dann Merope, was der Zusammensteller wohl in dem Sinne ‚mit sterblichem Antlitz' (oder mit dem eines Sterblichen versehen[1]) nahm. (Über die dazwischen liegenden anderen Phasen nachher). Diese Merope ist also, obwohl vorhanden, doch wieder nicht vorhanden; dieser wunderbar scheinende Gedanke spielt ja bis in die jüngsten Fassungen des Mythus hinein. Es dürfte nunmehr auch der Grund dafür noch klarer sein, daß man die sieben als Plejaden bezeichneten Göttinnen Töchter des Atlas[2], des westlichsten Gebirges genannt hat, denn diese Himmelsgegend kommt dem eben geborenen Monde zu. Mutter ist entweder die schon genannte Pleione oder auch die Okeanide Aithra d. h. die Helle, Heiterklare, deren Namensgleichheit mit Aithra[3], der Gattin des Poseidon-Aigeus und Mutter des lichten Gottes Theseus durchaus auf gleiche Wesenheit schließen läßt; auch als Töchter der Amazonenkönigin[4], die ich längst als Mondgöttin erkannt habe[5], werden die Peleiaden bezeichnet, (die als Jungfrauen zuerst Reigentanz und Nachtfeier begingen[4]). Klar wird auch der Grund sein, weshalb sie nach Pindar Bergnymphen sind, was den Alten auffällig war[6]; weshalb einige zu ihnen auch die Kalypso, als Tochter des Atlas und der Pleione, rechneten[7]; weshalb sie Gattinnen oder Geliebten großer Götter, des Zeus, des Poseidon, des Ares sind; und weshalb sie, wie schon oben bemerkt, aus Trauer über ihren Bruder Hyas dahinschwinden[8]. Dieses Dahinschwinden hätte ja wohl für die eine (manchmal sichtbare, manchmal unsichtbare) Stern-Plejade einen Sinn, aber nicht für die übrigen sechs Sterne. Waren sie aber ursprünglich Mondgöttinen, so kommt das Dahinschwinden allen ohne Ausnahme zu.

---

[1]) Mythol. Br. 168; Drchkpfe. 71. 88 f. — [2]) Über ihn s. Heyne zu Apoll. 3, 10, 1. — [3]) Nach Musaios (Timaios), Schol. Il. 18, 486; Ilberg 2550 sagt: „Diese Verbindung Atlas-Aithra mag ursprünglicher gewesen sein, als Atlas-Pleione". — [4]) Nach Kallimachos; Ilberg 2550. — [5]) Vgl. Mythol. Br. 190; Drchkpfe. 74. 81. — [6]) Schol. Pind. Nem. 2, 16; Weizs. bei Ro. II, 2234. — [7]) Ilb. 2550. — [8]) Die tiefe Trauer und das Hinschwinden sind stehende Züge für Mondsagen; vgl. Kyknos und die Heliaden, Hyg. f. 154.

Diese einzelnen Mondsagen standen zunächst in keinem Zusammenhange unter einander; daher darf auch die lokale Verschiedenheit[1] nicht überraschen. Kelaino gehört nach Theben; Elektra nach Arkadien und Samothrake; Taygete nach Lacedämon; Alkyone, Sterope, Merope wieder nach Böotien. — Gehen wir nun die einzelnen Gestalten durch, mit denen beginnend, deren Namen schon an sich deutlich sind:

1. Kelaino (Κελαινώ die Dunkle, Schwarze) ist überall, wo sie als Göttin erscheint, der schwarze oder verdunkelte Neumond, welcher Sohn oder Tochter des Himmels, der Sonne, des Mondes, des Meeres (besonders des westlichen) oder irgend eines (am liebsten im Westen sichtbaren oder gedachten) Berges oder Gebirges sein kann. Die ‚Schwarze' ist die Neumond-Phase, die tote Göttin; ihren Tod hat der Sonnengott in der Konjunktion herbeigeführt. So erlegt Herakles eine Amazone Kelaino[2]. Kelaino (Nebenform Κελαινή[3]) ist ordnungsgemäß Tochter des Atlas und der Pleione. Die oben als Väter angeführten Potenzen können nun auch Gatten oder Söhne derselben Mondgöttin sein. So zeugt denn Poseidon mit Kelaino den Lykos, d. h. ‚den Lichten', der wie Rhadamanthys, Peleus, Kadmus, Achilles (Pind. Ol. 2, 137) auf die seeligen Inseln versetzt wurde, ein gewiß alter Zug; ferner den Triton, dessen Mondwesenheit außer Frage steht[4]. Dieselbe Kelaino kann nur gemeint sein, obwohl Hygin[5] ihren Vater nicht Atlas sondern Ergeus nennt, mit der Poseidon außer dem Lykos noch den Nykteus, ‚den nächtlichen Mondgott', erzeugt. Auch Apollo (als Sonnengott) erzeugt mit einer Kelaino, einer Tochter des Hyamos, einen Sohn Delphos[6]. Alles nach obiger Erklärung höchst einleuchtend, entweder geradezu Naturmythen, oder (das mag vom letzten Mythus gelten) in Anlehnung an den Naturmythus gedacht. Die Danaide Kelaino legt Zeugnis für die Bedeutung der 50 Danaiden überhaupt ab[7]; sie ist dasselbe wie die anderen

[1]) Heyne zu Apoll. 3, 10, 1; Pr., Gr. Mythol., I[3], 366 ([4] 467). — [2]) Diod. 4, 16; vgl. Drchkpfe 74. — [3]) Schol. Il. 18, 486. — [4]) Andere nennen Amphitrite seine Mutter; ihm ist nach einer Sagenform der Kopf abgeschnitten, und dennoch bleibt er ein unsterblicher Gott. Drchkpfe. 86 f. — [5]) f. 157. — [6]) Paus. 10, 6, 2. — [7]) Drchkpfe. 78.

Kelainos; mit ihr zeugt Poseidon einen Sohn Kelainos[1], d. h. dieselbe Gestalt, männlich gedacht[2].

2. Elektra ‚die Strahlende'. Für uns liegt natürlich kein Grund vor, die von Hesiod[3] als Tochter des Okeanos und der Thetys und als Schwester der Kalypso bezeichnete Elektra, (die im sog. homerischen Hymnus auf Demeter [418] unter den Gespielinnen der Persephone erscheint, als diese von blumiger Aue fortgeraubt wird,) für eine andere als die Tochter des Atlas und der Pleione zu halten[4]. Geburtsort der letzteren ist wie der ihrer 6 Schwestern auch der Berg Kyllene[5] in Arkadien. Nach dem verschiedenen Standpunkt der Beschauer ist nämlich bald das Meer, bald dieses oder jenes Gebirge Geburtsort der Mondgöttin. Elektra ist Gemahlin oder Geliebte des Zeus; einer ihrer Söhne ist Dardanos, der Stifter der Monddynastie von Troja[6]; ein anderer ist Jasion od. Jasios od. Jasos, der Liebling der Demeter[7], der früh stirbt, auch als Gatte der Kybele gilt und zu den Göttern entrückt (!) wird. Ihre Tochter ist Harmonia, als deren Vater freilich auch wieder Atlas genannt wird, (d. h. Atlas kann sowohl Gatte als Vater einer Mondgöttin heißen), und die auch als Tochter des Ares und der Aphrodite bezeichnet wird. Harmonia ist Gattin des Kadmos, beide zusammen sind das himmlische Ehepaar, die alten Urgötter, Sonne und Mond[8]. ‚Die Entführung der Harmonia durch Kadmos war Lokalsage auf Samothrake, und das Suchen nach ihr ward mimisch in den Festen dargestellt'[9]. Das

[1]) Strab. 12, 579. — [2]) *Κελαινεύς* ist ein Sohn des Pan! Nonn. 14, 74. — [3]) Theog. 349. — [4]) Furtwängler in Ro., A. L. I, 1234 ff. — [5]) Apoll. 3, 10, 1. — [6]) Vgl. Mythol. Br. 64 f. Daß in den Sagen von Ilios auch historische Bestandteile stecken, fällt mir selbstverständlich nicht ein zu leugnen. Interessant ist der Versuch, aus der Zusammenstellung vieler Namen, wie Priamos, Assarakos, Dardanos u. a. m. mit assyrischen Worten engere Beziehungen Trojas zum assyrischen Reiche nachzuweisen (Dr. Assmann in einem Artikel der ‚Tägl. Rundschau' 27. 6. 1907). Diese Namen wären danach Bezeichnungen assyrischer Beamten. — [7]) Hom. Od. 5, 125 ff. — Vgl. Seeliger bei Ro., A. L. II, 60 f. — Ob die Notiz des Serv. zu Aen. 3, 167, daß Dardanos seinen Halbbruder Jasios getötet habe, so ganz wertlos ist, wie Seeliger meint, möchte ich bezweifeln. — [8]) Vgl. Drchkpfe. 49- 58. — [9]) Furtw. 1235. — Vgl. u. a. das Suchen nach Persephone; sechstägiges Suchen nach Picus (Ov. M. 14, 428).

kennzeichnet die Mondgöttin; Harmonia ihrerseits legt dann wiederum Zeugnis für das Wesen ihrer Mutter ab, heiße diese nun Aphrodite oder Elektra; letztere kann ebensogut Kadmos' Schwester wie Schwiegermutter sein. ‚Bei Trojas Untergang', heißt es[1], ‚erbleicht Elektra's Glanz', d. h, sie ist identisch mit jenem rein mythischen[2], von Göttern erbauten, vom Sonnengotte Herakles zerstörten Troja, der Mondveste, welche vernichtet wird, wenn das hölzerne Roß (der dunkle Körper) hineingeschoben wird, wobei die ‚Strahlende' natürlich erbleicht. Die Erzählung, daß Elektra bei diesem Anlaß in einen Kometen verwandelt wird, verdankt ihre Entstehung derselben Tüftelei wie die gleiche von der Merope.

Mit Recht erklärt man die samothrakische Elektryone[3] für ursprünglich dasselbe Wesen wie Elektra; sie war Tochter des Helios und der Rhodos (der Roten, ebenfalls Mondname!)[3]; Elektryone als Alkmene, Herakles' Mutter, fällt nicht aus der Rolle[4].

3. In Taygete erkennt auch Preller ‚eine der Artemis verwandte Mondgöttin des Taygetos'[5]. Sie wurde von Zeus geraubt[6], was für die Mondwesen charakteristisch ist[7]. Euripides[8] nennt sie *Μέροπος Τιτανὶς κούρα* (vgl. Nr. 6 Merope); nach ihm verwandelte sie Artemis in eine Hirschkuh mit goldenen Hörnern, während sie nach Pindar[9] der Artemis die später von Herakles erjagte Hindin weihte. Nach dem Sinn der Verwandlungsgeschichte ist sie selbst die vom Sonnenjäger gefangene (nicht getötete, denn sie ist unsterblich!) goldgehörnte Hindin, ein sehr bekanntes Bild für den Mond in seinem Verhältnis zum Sonnenjäger[10].

---

[1]) Furtw. 1235; Serv. Verg. Georg. I, 138; Hyg. f. 192: Ex quibus Electram negant apparere propter Dardanum amissum Troiamque sibi ereptam. — [2]) Das historische Troja ist nur der Abglanz vom himmlischen. Vgl. Mythol. Br. 64 A. 3. — [3]) Furtw. 1235; vgl. 1237 (Elektryone). — [4]) Drchkpfe. 64. — [5]) I[3], 366; [4], 306. 467. — [6]) Paus. 3, 18, 10. — [7]) Vgl. Raub der Kore, der Helena, des Ganymedes, der Aigina, der Marpessa (Il. 9, 564. Apollo ‚entraffte sie in die Höhe' ‚ἀνήρπασε', stehendes Wort für derartige Entraffung). — [8]) Helen. 362. — [9]) Ol. 3, 29. — [10]) Vgl. Liebesgesch. des Himmels S. 16.

4. Die der böotischen Sage angehörige angebliche Plejade Alkyone kann gar nichts anderes bedeuten als die vorhergehenden, nicht etwa ‚das stürmische Meeresgewölk', wie Preller annimmt. Auch sie wurde geraubt[1], diesmal von Poseidon, dem sie außer anderen Söhnen einen Namens Epopeus[2] (‚Beschauer', Namen für Sonne und Mond) und eine Tochter Aithusa (‚Flammende') gebar. Es ist unstatthaft, anderswo vorkommende Alkyones von dieser zu trennen. Die schöne Sage[3], daß sich eine Alkyone (als Tochter des Aiolos bezeichnet, angeblich nicht die Plejade) zusammen mit ihrem Gemahl Keyx, dem Sohne des Phosphoros oder Hesperos, aus Hochmut Hera und Zeus nannten, worauf sie Zeus in Vögel verwandelte, zeigt, daß sie von Hause aus nur andere Namen dieser Gottheiten sind, des himmlischen, sich treu liebenden, wenn auch oftmals getrennten Götter- und Vogelpaares (Sonne — Mond). Als sie in der späteren Zeit für Menschen gehalten wurden, erschien die ihnen beigelegte Götterbenennung als Anmaßung. Statt zu sagen: ‚Sie sind die himmlischen Vögel' sagte man nunmehr: ‚Sie sind in Vögel verwandelt worden'[4]. Derselbe Gang, den wir bei vielen Verwandlungsgeschichten wahrnehmen! Mond und Sonne sind wegen ihres Aufganges aus dem Meere Meeresvögel, wie Aisakos ein Tauchervogel ist. Meereisvögel (*ἀλκυόνες*) bezeichnet nur eine andere Spezies. Doch kommt vielleicht wieder eine Art etymologischer Spielerei mit in Frage (vgl. den Giganten Alkyoneus, Sohn des Uranos und der Gaia, Apollod. 1, 6, 6, wohl verwandt mit *ἀλκή*, mit $\sqrt{}$ark, arc usw. Herakles tötete ihn im Schlaf[5]). Andere Sagen über diese Meereisvögel können wir hier übergehen.

Nach Hygin[6] grämt sich die Tochter des Idas Alkyone,

[1]) Paus. 3, 18, 10. — [2]) Ephokeus? Stoll bei Ro., A. L. I, 250. — [3]) Schol. Il. 9, 562. — [4]) Sehr verkehrt ist, was Preller sagt: ‚Der Vergleich mit Zeus und Hera ist motiviert durch die Schönheit dieser Vögel und das regenbogenartige Spiel ihrer Farben'. Stoll bei Ro., A. L. I, 250 f. — Verwandt ist die Fabel bei Antonin. Liber. 6 von Periphas, der sich Zeus (*Δία Σωτῆρα καὶ Ἐπόψιον καὶ Μειλίχιον*) nannte und dafür in einen Adler (seine Frau in den Vogel *φήνη* i e. falco ossifragus) verwandelt wurde. — [5]) Drchkpfe. 83. — [6]) f. 174: At coniunx eius Alcyone maerens in luctu decessit.

welche nach der Ilias[1] der Kleopatra, der Gemahlin des Meleagros gleich ist, nach dem Tode ihres Gemahles zu Tode. Vgl. oben S. 28. Von der Atlas-Tochter Alkyone müssen wir ja ein Gleiches annehmen wegen der oben angeführten Sage vom Hinschwinden aller Plejaden aus Schmerz über den Tod ihres Bruders Hyas. Ein neues deutliches Anzeichen, daß wir nur an verschiedenen Stellen auftauchende, in verschiedene Verknüpfungen gebrachte Bruchstücke derselben Ursage vor uns haben. Die verschiedenen Alkyones sind ursprünglich dieselbe Gestalt.

5. Ebendasselbe nehme ich unbedenklich von den verschiedenen Steropes an. Eine[2] ist Tochter des Helios, Schwester der Pasiphae (der Alleuchte), deren Mondnatur über jeden Zweifel erhaben ist. Eine andere ist Geliebte des Helios[3]; noch eine andere[4], Tochter des Porthaon, wird Mutter der Seirenen genannt. Die Plejade Sterope (oder Asterope[5] ‚Sternenantlitz') ist von Ares geliebt und Mutter des Oinomaos, sie gilt aber auch als Gattin des Oinomaos und Mutter der Hippodameia[6], die aus Liebe zu Pelops, ihrem vierzehnten endlich glücklichen Freier, ihrem Vater arglistig den Tod bereitete und von Pelops auf einem Flügelgespann über das Meer entführt wurde. Sterope ist nicht etwa, wie Preller will, wieder ‚ein Bild des strahlenden Himmels', sondern eben wieder die strahlende Mondheroine.

6. Merope. Die Mehrzahl sowohl der Heroinen dieses Namens als auch der den Namen Merops führenden Heroen weist sich durch ihre Verwandtschaftsverhältnisse und Schicksale ohne weiteres als in den Kreis der Sonnen- und Mondgötter gehörig aus. Es zeigt sich wieder, daß die einzelnen Sagen nur Trümmer einer einzigen großen Sage sind, verschieden geformt und je nach Bedürfnis den lokalen Verhältnissen angepaßt. Das eigentliche Wesen oder die Naturgrundlage der handelnden oder leidenden Persönlichkeit

---

[1]) 9, 560. — [2]) Schol. Pind. P. 4, 57. Tzetz. Lyk. 886 (Benseler). — Mythol. Br. 69 f. — [3]) Pr.-Rob., Gr. M. I⁴, 271 f. A. — [4]) Apoll. 1, 7, 10, 2. — [5]) Hyg. 84. 189. 250. — [6]) Paus. 5, 10, 6. Hippodameia wird auch Tochter des Ares genannt; sie ist die Geliebte ihres Vaters Oinomaos, Hyg. f. 253; vgl. Mythol. Br. 166—73.

muß zu gewisser Zeit noch gekannt oder empfunden worden sein. Ein bekanntes Thema wird nur variiert. Merops oder Merope sind dieselbe bald männlich bald weiblich gedachte Naturmacht, die ja nun einmal — das tritt dem Forscher immer klarer entgegen — die Hauptgottheit der ältesten Zeit war.

Ein Merops ist Heros der Insel Kos, wo auch der Titane Koios verehrt wurde[1]; die Insel heißt eben auch Meropis nach jenem Merops; (der Einfluß des Mondes auf geographische Namengebung ist unermeßlich[2]). Merops ist entweder γηγενής oder Sohn des Triopas, ‚des Dreigesichtigen', (ein Mondname wie der der Hekate τριπρόσωπος, τρισσοκέφαλος; vgl. unten über den dreiköpfigen Hermes; Kerberos; Triglaff usw.). Seine Gattin wird von Artemis mit Pfeilen durchbohrt und von Persephone noch lebend in die Unterwelt gebracht; Merops trauert so unmäßig, daß ihn Hera aus Mitleid in einen Adler verwandelt[3] und unter die Gestirne setzt. Alles allbekannte und deutliche Mondzüge, namentlich wieder das Hinschwinden aus Gram (s. oben S. 35) und die Verwandlung; nur die Verstirnung wird verhältnismäßig jung sein. — Ein anderer Merops ist Gemahl der Klymene, mit welcher Helios den Phaethon zeugt; er ist also entweder ein Doppelgänger des Helios, wie Amphitryo des Zeus im Heraklesmythus, oder, falls man ihm mehr Anteil an der Wesenheit der Mondheroine Klymene zuteilen muß, gewissermaßen nur deren männliches Gegenbild, also auch Mondgott. Wenn er Aethiopenkönig genannt wird, so kann ich als Grund dafür nur halten, daß er als schwarz bezeichnet werden soll, was einem Mondgott zukommt[4]. Nach anderen ist Phaethon Sohn einer Merope, und sein Vater Klymenos ist Sohn des Helios; die Naturgrundlage bleibt dieselbe. Einige andere Helden des Namens Merops übergehe ich, obwohl sie auch als Stütze meiner Auffassung dienen könnten. — Eine Merope nun ist (wie Mutter so auch)

---

[1]) Drchkpfe. 35. — [2]) Vgl. Gilbert, Gr. Götterl. 17; ‚Meropis ein rein mythisches Land', ebda. — [3]) S. Stoll bei Ro., A. L. II, 2840, wo die Deutung als Sonnengott (von Paton and Hicks) erwähnt wird. — [4]) Vgl. Memnon!

Schwester[1] des Phaethon, eine der Heliaden; die anderen Schwestern heißen: Helie, Aigle, Lampetie, Phoibe, Aitheria, Dioxippe[2]; die Siebenzahl darf nicht übersehen werden, sie ist für die Mondphasen (die Namen der Heliaden bezeichnen sie als solche) charakteristisch. Der Naturbedeutung nach ist die Schwester Merope nicht von der gleichnamigen Mutter zu trennen; sie ist eben ein weiblicher Phaethon, dessen Sonnenverwandtschaft und jämmerlicher Tod, durch den er dem Ikaros gleichkommt, ihn als Mondwesen bezeichnen. — Eine andere Merope soll eine der Töchter des Pandareos gewesen sein, die nach dem frühzeitigen Tode ihrer Eltern (der Vater hatte den von Hephaistos verfertigten und beseelten goldenen Hund des Zeus gestohlen, den dann Hermes wieder entdeckte,) von Göttinnen aufgezogen und, nachdem sie zu Jungfrauen herangereift waren, plötzlich von den Harpyien entrafft wurden. Die Fabel wird von der trauernden Penelope in der Odyssee angedeutet, doch ohne Namennennung der Töchter[3]. — Wieder eine andere Merope ist die Tochter des Oinopion und der Helike auf Chios, (man beachte die weite Verbreitung der Merope-Sagen); der trunkene Orion tat ihr Gewalt an und wurde deshalb von Oinopion geblendet[4]. Blendung ist in Mondmythen bekanntlich gleich Tötung[5]. Höchst beachtenswert ist, daß bei dieser Merope als Namensnebenformen Aerope ,Luftantlitz, Gesicht in der Luft' und Mairope vorkommen. Letzterer Name führt zu einer Betrachtung der Wortbedeutung von Merops und Merope. Entsprechend der vorsichtig abwägenden Behandlung der Frage bei Pape-Benseler unter *Μέροψ* wird man geneigt sein, als Bedeutung ,mit hellem, leuchtendem Blick' (od. Antlitz) anzunehmen, besonders unter Berücksichtigung des Umstandes, daß ein Vogel (der Immenfresser, Grünspecht) gleichfalls *μέροψ* heißt. Wir hätten also einen vortrefflich passenden Mondnamen; das Schwanken zwischen Merope, Aeorope und Mairope empfiehlt die Deutung ganz besonders. Andererseits aber scheint klar zu sein, daß die Ausklügler derjenigen

---

[1]) Hyg. praef. p. 31 Bunte; f. 154. — [2]) Hyg. f. 154. — [3]) Vgl. Roscher im A. L. III, 1498 ff. u. Pandareos. — [4]) Apollod. 1, 4, 3. Hyg. P. A. 2, 34; s. Ro., A. L., II, 2839. — [5]) Drchkpfe. 48 A 4.

(jedenfalls ziemlich späten) Sagenform, wonach die Plejade Merope als dunkler Stern unter diesem Sternenhaufen ihr Antlitz verhülle aus Scham, daß sie einem sterblichen Manne, nämlich Sisyphos, König in Korinth, Mutter des Glaukos, vermählt war[1], — also daß der Erzähler dieser Sage an einem Zusammenhang des Namens Merops, Merope mit dem homerischen *μέροπες ἄνθρωποι*, was man gewöhnlich als ‚sterbliche Menschen' faßt, gedacht hat, und daß ihm Merope ‚die mit sterblichem[2] (oder eines Sterblichen) Antlitz versehene' war; ein Name, der für den (Neu-) Mond ebenso vortrefflich passen würde, wie Kelaino ‚die Schwarze'; die letzte Phase ist der abgeschnittene, also tote Kopf (vgl. Medusa[3], Triton, Hydra); er lebt erst im wieder sichtbar werdenden Monde von neuem auf. Berücksichtigen wir aber, daß einerseits die Rolle des siebenten, unsichtbaren Sternes auch der Elektra beigelegt wird (s. oben S. 33), daß andererseits auch Merope zu einem Kometen geworden sein soll[4], was sonst wieder nur von der Elektra erzählt wird, daß ferner Sisyphos (wie auch Glaukos) von Hause aus gar kein sterblicher Mensch sondern ein Gott ist, dem eine Mondgöttin als Gattin und ein Mondgott als Sohn (Odysseus) durchaus zukommen, so erkennen wir, daß jene schon im Altertum vorgenommene Deutung verkehrt ist, daß Merope vielmehr ein Name für Vollmond oder Mond überhaupt gleichwie Elektra ist, daß ihr die verengte Rolle der letzten, verschwundenen Phase (= Kelaino) erst von dem zuerteilt worden ist, der die sieben Mondnamen aus der Menge der vorhandenen willkürlich aussonderte, um sie als Genien der sieben letzten Phasen und als Planeten zu bezeichnen. Daß sie zu einem Kometen gemacht wurde, muß mit Einführung derselben astronomischen Neulehren zusammen-

---

[1]) Apoll. 1, 9, 3; 3, 10, 1; Ov. Fast IV, 175; Hyg. f. 192: Alii existimant Meropen conspicere (l. conspici se) erubescere, quia mortalem virum acceperit, cum ceterae deos haberent. — [2]) $\sqrt{}$ mar (mṛtá); mor-ior, *βροτός* usw. Die $\sqrt{}$ mar heißt zunächst zerreiben (= vernichten); vgl. mahl-en, Müll, mollis usw. — [3]) Medusa als die von Perseus getötete ist sterblich, ihre beiden Schwestern Stheno und Euryale aber unsterblich. — [4]) Hyg. f. 192: Ob eamque rem de choro sororum expulsa maerens crinem solutum gerit; quae cometes appellatur.

hängen, die die alten Mondnamen zu Sternnamen umzuformen kein Bedenken trugen. Daß der Komet, in den Merope verwandelt wurde, nach der interessanten Notiz des Hygin auch xiphias[1] hieß, ‚quia gladii mucronis effigiem producit‘, hat vielleicht auch einen älteren Grund: Die Mondsichel wurde gern mit einem Schwert (ξίφος) oder Krummsäbel verglichen; den Beweis liefern die Gestalten des Chrysaor, des Kronos ἀγκυλομήτις, der Jarnsaxa u. a. m.

7. In diesen Kreis gehört nun Maia, die nach Servius[2] auch als Tochter des Atlas und der Sterope bezeichnet wird. Weizsäcker[3] sagt, ‚diese Sterope müsse doch wohl eine andere als die Atlastochter Sterope sein‘. Nach den Grundsätzen der Mythologie, die sich gezwungen sieht, so viel Sagen auf den Mond zurückzuführen, ist diese Annahme nicht nötig; die Sache hat gar nichts auffälliges. Die Incestmythen erklären sich ganz einfach: die Tochter ist die Wiederholung der Mutter; mit ihr verbindet sich der Vater (auch der Bruder, der Sohn) von neuem[4]. Auf dem Berge Kyllene, d. h. Hohlberg (zunächst wohl Name des Himmelsgewölbes, wie der Glasberg im deutschen Märchen), wo sich Zeus in dichtbeschatteter Grotte in dunkler Nacht mit ihr vereinigt hatte[5], gebiert die schöngelockte Nymphe Maia den Hermes, die Wiederholung ihrer selbst, nur männlich gedacht. Die Mondheroinen sind ordnungsmäßig Bergnymphen; sie wohnen in Höhlen[6]; der Mond bewohnt die Gebirge. Selbst das Beiwort ‚schöngelockt‘ ist vielleicht nicht ohne tiefere Bedeutung[7]. Nach dem Tode der Kallisto[8] ist Maia Pflegemutter des Arkas, des Zwillingsbruders des Pan. Kallisto, die in

---

[1]) So nach Bunte; überliefert ist xifax; f. 192. — [2]) Zu Verg. Aen. 8, 130. — [3]) Bei Ro., A. L. II, 2284. — [4]) Vgl. meine ‚Urreligion der Indogermanen‘. Berl. 1897. S. 23. — [5]) Hymn. Hom. in Merc. 3 f.:

ὃν τέκε Μαῖα,
νύμφη ἐϋπλόκαμος, Διὸς ἐν φιλότητι μιγεῖσα,
αἰδοίη· μακάρων δὲ θεῶν ἠλεύαθ' ὅμιλον,
ἄντρον ἔσω ναίουσα παλισκίου· ἔνθα Κρονίων
νύμφῃ ἐϋπλοκάμῳ μισγέσκετο νυκτὸς ἀμολγῷ.

[6]) Selene, Hekate, Demeter, Medusa u. a. m. (vgl. Welcker, Gr. G. I, 556 f. 562; Preller, Gr. M. II[3] 65 f.; Liebesgesch. d. Himmels 107; Ro., A. L. II, 3145; Rohde, Psyche I[2], 124. — [7]) Vgl. Mythol. Br. 102. — [8]) Apollod. 3, 8, 2, 5. Vgl. Franz, Kallisto bei Ro., A. L. II, 931 f.

eine Bärin verwandelt und von Artemis erschossen wurde, ist ohne alle Frage die an Stelle der Artemis getretene Mondgöttin der Arkader, also der Maia in ihrer Grundbedeutung gleich. Nach einer in verschiedener Form erhaltenen Sage ernährt entweder Hermes auf Zeus' Befehl die Kallisto, nachdem sie auf dem Lykaios den Arkas geboren hat, oder Hermes nimmt ihr, nachdem sie, ehe sie geboren hat, erschossen ist, wieder auf Zeus Befehl das Kind aus dem Leibe (vgl. Semele und Koronis [1]) und überbringt es dann seiner Mutter Maia nach dem Kylleneberge. (Vom Knaben der Kallisto gibt es eine ähnliche Zerstückelungssage wie von Itys. Sein Vater Lykaon setzte seine Glieder Zeus zum Mahle vor und wurde dafür in einen Wolf verwandelt). Alle diese Züge passen in denselben Vorstellungskreis hinein. Als Mondwesen kann Maia endlich auch unterirdisch und der Persephone gleich sein [2] — Soviel von Maia und den Plejaden.

Keineswegs zu verachten sind die aus einer griechischen Vorlage stammenden Angaben Ciceros (Nat. Deor. III, 22, 56), welcher 5 verschiedene Hermes aufzählt: Mercurius unus Caelo patre, Die (oder Dia) matre natus, cuius obscenius excitata natura traditur, quod aspectu Proserpinae commotus sit. (Der ‚Himmel' ist wohl rationalistisch für Zeus gesetzt; doch paßt der alte Uranos, dessen Erbschaft Zeus antrat, (Mehlis) auch; zu ihm paßt eine Die oder Dia sehr gut; welche Form die richtigere sei, dürfte schwer zu entscheiden sein. Welcker [3] will nur Dia gelten lassen; vgl. Dione, Diana, Juno usw. von der $\sqrt{}$div; sie war gewiß keine agrarische Gottheit, wie Schoemann zur Cicero-Stelle meint, auch nicht die Erdmutter (Mehlis 88). — Hier ist unter dem phallischen Hermes einer der samothrakischen Kabiren verstanden, unter dem Namen Kadmos oder Kadmilos verehrt [4]). — Alter Valentis et Coronidis filius, is qui sub terris habetur idem Trophonius. (Ischys und Koronis sind sonst Eltern des Mondgottes Asklepios [5]). — Tertius Jove tertio natus et Maia, ex quo et Pene-

[1]) Drchkpfe. 6 A. — [2]) *Μαῖα δὲ ἡ αὐτὴ τῇ Φερσεφόνῃ.* Porphyr. de abstin. IV. 16. — [3]) Welcker, Gr. G. I, 329 f. — [4]) Über Kadmos' Mondwesenheit s. Drchkpfe. S. 49 ff. — [5]) Drchkpfe. 6 A. 1; über Trophonius 80 A. 1; Koronis erkennt auch Döhring, Etymol. Beitr. S. 21 als Mondheroine an.

lopa Pana natum ferunt; quartus Nilo patre, quem Aegyptii nefas habent nominare; quintus, quem colunt Pheneatae, qui Argum dicitur interemisse ob eamque causam Aegyptum profugisse atque Aegyptiis leges et litteras tradidisse. Hunc Aegyptii Theuth appellant'.

Die Geburt auf einem Berge kommt dem Monde durchaus zu, das Wandeln über Berghöhen beruht auf sinnlichster Naturanschauung. ,Selene liebt die Höhlen und die Gipfel und Warten des Gebirges'[1]; der indische Mondgott Rudra[2] ist ,Bergbewohner', ,Bergschützer', ,Bergdurchstreifer' usw.; ebenso Soma[3]. Außer dem Kylleneberge werden auch noch der Olymp[4] und der Berg Kerykion[5] bei Tanagra als Hermes' Geburtsberge genannt. Pausanias[6] spricht von einem sogen. *Ἀκακήσιος λόφος* im mänalischen Gebirge in Arkadien, genannt nach Hermes *ἀκάκητα*, als dessen Aufenthaltsort in früher Jugend und von damit in Widerspruch stehenden Behauptungen der Thebaner und Tanagräer. Am gewöhnlichsten aber wurde die Form der Sage berücksichtigt, welche im sogen. homerischen Hymnus auf Hermes vorliegt, wonach eben die schöngelockte Nymphe Maia auf dem Kylleneberge den Knaben gebiert, ,den vielgewandten, listigen, den Räuber, den Forttreiber der Rinder, den Führer der Träume, den Seher der Nacht, den Türwächter, der bald herrliche Taten verrichten sollte unter den unsterblichen Göttern. Früh am Morgen geboren spielte er am Mittag schon die Zither, am Abend stahl er die Rinder des ferntreffenden Apollo'[7].

---

[1]) Pr., Gr. M. I[2], 347. — [2]) Vgl. Arch. f. Rel.-Wiss. I, 258. — [3]) Hillebr., Ved. Myth. 386 (Soma girishṭhâ). — [4]) Philostr. vita Apollonii 1, 176, 30. — [5]) Paus. 9, 22, 3. — [6]) 8, 36, 6. — [7]) v. 13—18:

Καὶ τότ' ἐγείνατο παῖδα πολύτροπον, αἱμυλομήτην,
ληϊστῆρ', ἐλατῆρα βοῶν, ἡγήτορ' ὀνείρων (Gemoll. *ἡγήτορα φωρῶν*)
νυκτὸς ὀπωπητῆρα (*ἐπωπητῆρα?*), *πυληδόκον, ὃς τάχ' ἔμελλεν*
ἀμφανέειν κλυτὰ ἔργα μετ' ἀθανάτοισι θεοῖσιν·
ἠῷος γεγονώς, μέσῳ ἤματι εὖ κιθάριζεν,
ἑσπέριος βοῦς κλέψεν ἑκηβόλου Ἀπόλλωνος,
τετράδι τῇ προτέρῃ, τῇ μιν τέκε πότνια Μαῖα· (s. oben S. 11 f.).

Diese Verse streichen zu wollen, halte ich für verkehrt; sie enthalten eine kurze Zusammenfassung der Haupteigenschaften des Gottes, ähnlich dem Horazischen Gedicht, sowie den Hinweis auf die wunderbare Schnelligkeit seiner Entwicklung, die für alle Mondgötter charakteristisch ist.

B. Zu H. in Beziehung stehende Frauen und seine Kinder.

1. Penelope. Pan.

Sehr auffallend und von ganz besonderer, ja von entscheidender Wichtigkeit für die Auffassung von H.' Wesenheit ist ohne Zweifel der Mythus, daß H. mit der Penelope den Gott Pan gezeugt habe. Mit vollem Recht sagt Max Müller: ‚Das kann nur eine alte Tradition sein, älter als die Odyssee und daher nicht leicht zu unterdrücken‘ [1]. Hauptgewährsmann ist Herodot [2]. Nach anderen ist Pan Sohn des Apollo oder des Antinoos oder Amphinomos oder aller Freier oder des Odysseus und der Penelope; nach noch andern ist Pan Sohn des Hermes und einer Nymphe (*νύμφη εὐπλόκαμος*) Dryope oder der Tochter des Dryops [3], oder einer Orsinoe [4]. Er führt daher auch den Namen Hermopan neben Diopan, da auch Zeus und Kallisto als Eltern gelten, und Titanopan [5]. Etliche wollen Pan als Sonnengott fassen, hauptsächlich wegen seiner Liebe zu Selene [6], Roscher ‚gewissermaßen als die Verkörperung des gesamten arkadischen Hirtenlebens mit allen seinen Erfahrungen, Eigentümlichkeiten, Freuden und Sorgen‘ [7]. Es kommt darauf an, ob ein solcher Ursprung eines bedeutenden Gottes überhaupt denkbar ist; ich glaube nicht daran, daß die Mythen „weiter nichts als mehr oder minder getreue Spiegelbilder des gesamten antiken Lebens, Fühlens und Denkens“ [8] sind, sondern behaupte: Auf die als Naturmächte schon längst vorhandenen und geglaubten Götter übertrug man allmählich die Züge des menschlichen Lebens und menschlicher Gewohnheiten. So halte ich denn auch Pan für einen Lichtgott und zwar für den einen alten Hauptgott der indogermanischen Hirtenbevölkerung, nämlich den Mondgott, mit alter bezeichnender Benennung ‚Hirt‘. *Πάν* ist nämlich mit

---

[1]) Beitr. (Lüders) I. 244. Vgl. Roscher im Arch. f. Rel.-Wiss. I, 55; A. L. III, 1381; vgl. 1909. — [2]) II, 145: *ἐκ Πηνελόπης* (*ἐκ ταύτης γὰρ καὶ Ἑρμέω λέγεται γενέσθαι ὑπὸ Ἑλλήνων ὁ Πάν*). — [3]) Hymn. Hom. 18, 34. — [4]) Vgl. Ro., A. L. III, 1380. — [5]) Ebda. 1404. Titan ein Bruder des Helios (etwa = Hermes?), s. Drchkpfe. 35. — [6]) A. L. III, 1405. — [7]) 1405 f. — [8]) Roscher im Arch. f. Rel.-Wiss. I, 89.

Roscher als = *Παων* ‚der Hütende, Weidende, Hirt' von der √‾pâ zu fassen. Ein solcher ist der Mond von jeher gewesen; daher ist Rudra ‚Paçupati'[1] d. h. Herr des Viehes und Hermes *νόμιος* und *ἐπιμήλιος*. Besonders alt ist auch die Rolle des Mondes als eines Jägers; auch Pan hat Beziehung zur Jagd[2], auch zum Fischfang (er ist *ἁλίπλαγκτος* Soph. Aj. 695), er ist Traumgott[3], Heilgott[4], *πάνσκοπος*, *εὔσκοπος* usw.[5]; er ist geradezu eine Ziege (*Αἰγίπαν*) oder hat Ziegenhörner[6], ist *αἰγόκερως χρυσόκερως*, *δίκερως*, *δισσοκέρας*, (wie käme ein ‚Typus der Hirten' dazu?), *δίκραιρος*; gilt auch als Zwillingsbruder des Arkas; (Söhne des Zeus, das bekannte Zwillingspaar!); ist *ὀρειβάτης* (wie Rudra und alle Monde, s. oben S. 41) und *πετροβάτας*, *φιλοσκόπελος*[7], haust in Höhlen, wie er denn gleich Hermes auch auf dem Berge Kyllene geboren ist (*Κυλλήνιος*).

Hermes und Pans Beziehungen zur Penelope beweisen einmal, daß Penelope eine alte Naturgöttin ist (verschiedene Penelopes anzunehmen, wie schon Tzetzes zu Lykophr. 772 tut, wäre verkehrt); sodann daß Odysseus der heroisierte H. ist, wie denn viele Ähnlichkeiten zwischen dem *πολυμῆτις* und *πολύτροπος* Odysseus und dem H. *δόλιος*, *κερδῷος*, *πολύτροπος* usw. bestehen[8]. Ebenso ist Pan eine dem H. durchaus verwandte Gestalt, eine Parallelgottheit, derselben Wurzel entstammend, z. T. sogar in noch altertümlicherer und bäurischerer Form. Hermes und Penelope, Odysseus und Penelope, (auch Apollo und Penelope[9]) sind wieder das alte himmlische Götterpaar, Sonne und Mond, oder Mond als Mann und Mond als Frau zu einem Ehepaar zusammengefaßt. Ich sehe keinen Grund, die Rede, daß Pan Sohn des Odysseus und der Penelope sei, für wertloser zu halten, als jene andere, daß er Sohn

---

[1]) Rudra im Rig-Veda, Arch. f. Rel.-Wiss. I, 255. Es wäre auch nicht undenkbar, daß der Mond ein Hirt der Sternenheerde ist, im Sinne des Schiller'schen Rätsels (Ein Hirt ist ihnen zugegeben Mit schön gebogenem Silberhorn). — [2]) Roscher im Arch. f. Rel.-Wiss. I, 62. — [3]) Ebda. 80 f. — [4]) 62. — [5]) 87. — [6]) A. L. III, 1350 *τερατωπὸν ἰδέσθαι*, *αἰγιπόδην*, *δικέρωτα*, hymn. Hom. 18, 36 f. — [7]) S. Bruchmann, Epitheta Deorum. — [8]) M. Müller, Beitr. (Lüders) I, 246. — [9]) Pindar fr. 100 Bgk.; Ro., A. L. III, 1910.

des Hermes und der P. sei. Sie kann keine junge Erfindung[1] sein; dafür spricht eben die Göttlichkeit des Pan. Penelope ist auch in Arkadien als Nymphe verehrt worden[2]; sie soll nach Mantinea übergesiedelt sein, wo ihr Grabmal stand. Der Name bedeutet vielleicht[3] ,die Gewebearbeiterin, Weberin', doch bleibt die Etymologie unsicher. Die vielen Freier kommen ihr als Naturgöttin (Sonne! vgl. Hippodameia, Brunhilde) zu; ebenso ihre Trauer um den entfernten Gatten[4], (vgl. den Trennungsschmerz Freyja's um Odhr, Groas um Aurwandil, M. Br. 284); nach der Trennung hochzeitliche Vereinigung[5], Od. 23, 259); ihr aufgetrenntes Gewebe (der Mond spinnt[6], webt sich immer neu und trennt das Gewebe wieder auf); ihre Heirat mit Telegonos (dem Ferngeborenen) und Übersiedelung nach der Insel der Kirke, die sie unsterblich macht[7]; endlich ihre Überführung in das Land der Seeligen[8]. Ob hinter der ihr, wie es scheint, mehrfach als Attribut zugeteilten Ente[9] mehr steckt als eine bloße etymologische Spielerei (πηνέλοψ eine bunte, purpurstreifige

---

[1]) Wie Roscher meint, der diesen Mythus für eine künstliche Korrektur jener anderen Genealogie hält, „lediglich ersonnen, um Penelope von dem Vorwurf des Ehebruchs freizusprechen", vgl. A. L. III, 1909.

[2]) Nonn. Dion. 14, 92 f. — [3]) Nach Pott und Curtius; M. Müller, Beitr. (Lüd.) I, 246; ,die den Faden des Einschlags (πῆνος) auflösende, zerreißende' ($\sqrt{\ }$rap, wozu rup, lup, λέπ-ω zu stellen sei). Dagegen bemerkt Joh. Schmidt bei Ro., A. L. III, 1903, daß λέπω abschälen, nicht auftrennen bedeute. Die Bedeutung ,Weberin' erscheint als passend für die Mondgöttin überhaupt. Ob der Vogel πηνέλοψ sich ein kunstvolles Nest baut, eine Art Webervogel ist? — Zu berücksichtigen sind jedoch auch die zahlreichen anderen Namen von Mondheroinen auf -οπη (Aster-ope, Anti-ope usw.), denen freilich keine Nebenformen auf -οπεια zur Seite stehen. Immerhin wäre es möglich, daß der Name der Heroine wie des Vogels etwas ähnliches wie hellblickend bedeutete (vgl. Mehlis S. 99; und oben S. 37 das über den Vogel μέροψ bemerkte). — [4]) „Die trauernde Penelope ist ein bestimmter Typus in der Kunst", Ro., A. L. III, 1914. — [5]) Mit dem inzwischen greisenhaft gewordenen Gatten! (Kirchhoff, Odyssee S. 542). — [6]) Vgl. Athene-Arachne; Klotho; Kirke; Herakles spinnt bei Omphale; Frigga; Perchta; Frau Holle; Mythol. Br. 113 f. ,Die Irokesen sehen im Monde eine Spinnerin' (Ehrenreich, Myth. u. Leg. der südam. Völker S. 42). Vgl. Frobenius, Zeitalter des Sonnengottes 353 f. (,die webende Mondgöttin; Literatur S. 419). — [7]) Ro., A. L. III, 1908. — [8]) Ebda. 1909. — [9]) Ebda. 1920; 1911.

Entenart), bleibe hier unentschieden; doch sei daran erinnert, daß der Mond allerdings so gut wie ein Schwan, eine Gans, ein Tauchervogel usw., so auch eine Ente sein konnte, d. h. ein Vogel, der durch das Wolkenmeer, den Himmelsozean, schwimmt. In diesem Zusammenhang sei auch erwähnt, daß Penelope in der Odyssee[1] 20 Gänse hat.

2. Hermes' Sohn Autolykos.

Wie durch Penelope berührt sich H. noch durch die merkwürdige Gestalt des lügnerischen Autolykos[2] mit den Sagen von Odysseus, der so von neuem als ein vermenschlichtes Abbild des Gottes erscheint. Er ist, wie Preller (I[3] 305) bemerkt, „nur eine andere Gestalt des Hermes selbst, in dem seine listige Eigenschaft bestimmter hervorgehoben wird". Sein Vater ist H., die Mutter heißt entweder Philonis, Deïon's Tochter, oder Chione, Daidalion's Tochter, oder Telauge[3], oder auch Stilbe, Tochter des Heosphoros. Die Namen sind z. T. hochbedeutsam. Autolykos ‚der Selbstleuchter'[4] wäre ein vorzüglich passender Sonnen- oder Mondname; ebenso Telauge ‚die Fernstrahlende'. Geben wir der Kürze wegen Chiones (der Schneeigen, Schneeweißchens, Sneewitchens[5]) Geschichte mit Hygins[6] Worten: ‚Der Chione oder, wie andere Dichter sagen, der Philonis, Tochter des Daedalion, (Sohnes des Heosphoros oder Phosphoros oder Lucifer d. i. des Morgensternes: Qui vocat Auroram caeloque novissimus exit. Ov.), sollen Apollo und Hermes in einer Nacht beigewohnt haben. Sie gebar darauf vom Apollo den Philammon, vom Hermes den Autolykos. Später führte sie auf der Jagd hochmütige Rede gegen Artemis (sie hielt sich nämlich für schöner, Ov. Met. 11, 321 f.); daher wurde sie

---

[1]) 19, 536. — [2]) Vgl. v. Sybel bei Ro., A. L. I, 735 f.; Preller, Gr. M. I[3] 305 ([4] 409). — [3]) Tochter des Heosphoros; Schol. Il. 10, 267; Eust. zu Hom. p. 804, 26 (Benseler). — [4]) Nach anderen ‚leibhaftiger Wolf' (Pauly, R.-E. I, 2194); wohl verkehrt. — [5]) Über Sneewitchen vgl. meine Schrift: Über die Bedeutung der Grimmschen Märchen für unser Volkstum; Hamburg 1896 (Virchow-Wattenb., Heft 253); nivea Luna Ov. Met. 14, 367. — [6]) f. 200; vgl. Ov. Met. 11, 301—345.

von dieser mit Pfeilen getötet. (Ihr wurde die Zunge durchbohrt. Ov.). Aber ihr Vater Daedalion beweinte die einzige Tochter (die Wildheit des Schmerzes schildert Ovid 11, 332 f.) und wurde daher von Apollo in den Vogel Daedalio d. i. in einen Habicht verwandelt'.

Ein wundervoller und durchsichtiger Mondmythus! Daidalion d. h. der ‚Künstler' erscheint auch als Vater des Autolykos[1], ist also wohl ein anderer Name für Hermes, (den großen Himmelskünstler, denn das ist der Mond), der damit zugleich als Habicht bezeichnet wäre. (Sonne und Mond sind Adler, Geier, Sperber, Falken, Habichte.) Chione könnte nach unserer Gesamtauffassung des Mythus natürlich ebensogut die Schwester wie die Mutter des ‚Selbstleuchters' sein. Sie ist einzige Tochter, (der Mond ist *μονοτόκος*); das Hinschwinden vor Schmerz und die Verwandlung sind bekannte Züge, ebenso die Jagd und die Erschießung durch Artemis. Sowohl mit dem Sonnengott (Apollo) als auch mit dem Mondgott (Hermes) erzeugt sie den neuen Mond oder hat die berühmten Zwillinge, Wiederholung des Elternpaares, willkürlich bald als zwei Brüder, bald als Bruder und Schwester bezeichnet. —

Autolykos erscheint nun in der Sage als Typus der Dieberei und Schlauheit. Der Mondgott ist nämlich überall nicht nur ein Meister in aller Kunstfertigkeit (Baumeister, Künstler, Schmied[2]), sondern auch ein Ausbund von Schlauheit und Pfiffigkeit. Aber nicht wegen dieser geistigen Eigenschaft allein ist Autolykos erst nachträglich in Beziehung zu dem schlauen Hermes gesetzt, sondern er stellt von Hause aus dieselbe oder in derselben Weise weiter entwickelte Naturmacht dar. Er ist eine Absplitterung des Gottes, in menschliche Sphäre hinabgesunken. Preller war durchaus berechtigt, eine physikalische Deutung für Autolykos vorzuschlagen, jedoch ist die auf die ‚Dämmerung' verunglückt[3]. Hygin, dessen nützliche Zusammenfassung wir wieder zu-

---

[1]) Bei Pausan. 8, 4, 6. — [2]) Vgl. Rudra ‚den roten Baumeister', Tvashtar, Hephaistos, Daidalos, Noah u. a. m. Vgl. Böklen im Arch. f. Rel.-Wiss. VI, 17. — [3]) Pr. I², 305. In der 4. Aufl. (I, 409) gestrichen.

grunde legen wollen, sagt[1]: ‚H. gab dem Autolykos zum Geschenk, höchst diebisch zu sein und nie beim Diebstahl ertappt zu werden; daß alles, was er entwandt hatte, in jede Gestalt, die er wollte, verwandelt würde, aus weiß in schwarz, aus schwarz in weiß, aus Ungehörntem in Gehörntes, aus Gehörntem in Ungehörntes'. Wie zeigt sich in diesen Wendungen wieder einmal mit überraschender Klarheit, daß die Sagenüberlieferung selbst später Zeit die alte ursprüngliche Rede, die weiter nichts als naive Beschreibung einer wunderbaren Naturerscheinung war, oft treu bewahrt hat. Es hat sich hier nicht jemand beliebige Gegensätze (etwa wie Süß-Bitter, Weich-Hart) ausgedacht, sondern die Worte sind Ausdruck der unmittelbaren Anschauung. Wahrhaftig, der Mond macht aus dem Schwarzen den Weißen, aus der schwarzen Scheibe die weiße, und umgekehrt; aus der gehörnten (Mond-) Kuh die ungehörnte Form des Mondes! Daß er dies schwierige Werk so leicht fertig bekommt, ist eben der Anlaß, ihn für so außerordentlich schlau und pfiffig zu halten. Umgekehrt ergab sich aus dieser mythologischen Vorstellung zur Bezeichnung ganz besonderer List und Schlauheit die sprachliche Wendung: Es kann einer aus schwarz weiß, aus weiß schwarz machen.

Im Neumonde hat der diesen kosmischen Körper beherrschende Dämon ihn dann überhaupt gestohlen[2], nachdem derselbe vorher als der sich fortwährend verändernde Weltkörper alle möglichen Gestalten angenommen hat. Die Worte Hygins sind also buchstäblich wahr. Bei Autolykos wird die Angabe oft wiederholt, weil es ihn vorzüglich kennzeichnet. So sagt Ovid Met. 11, 313f: furtum ingeniosus ad omne Candida de nigris et de candentibus atra Qui facere adsuerat, patriae non degener artis. Die Verwunderung über die Fähigkeit des Mondes, aus schwarz weiß und umgekehrt machen zu können, oder selber bald weiß bald

---

[1]) f. 200: Mercurius Autolyco, ex Chione quem pepererat, muneri dedit, ut furacissimus esset nec deprehenderetur in furto; ut quicquid surripuisset, in quamcumque effigiem vellet, transmutaretur, ex albo in nigrum, vel ex nigro in album, in cornutum ex mutilo, in mutilum ex cornuto. — [2]) S. oben S. 14.

schwarz zu sein, kommt in vielen Sagen in verschiedener Weise zum Ausdruck[1]. Zunächst in der so vielfach variierten Erzählung vom Kampf eines Schwarzen mit einem Weißen (oder auch Blonden), ferner in der von Verwandlung eines weißen Vogels in einen schwarzen (Raben), einer weißen Frau in eine Mohrin, von einem milchweißhaarigen Rosse mit schwarzer Mähne, Vertauschung weißer Segel mit schwarzen und in vielen anderen. Für Autolykos ist dann die Bemerkung nachzutragen, daß er alles, was er anfaßte, unsichtbar machte[2]; er konnte selbst andere Gestalt annehmen[3], was bei seiner Naturbedeutung für ihn eben ganz notwendig ist. Es ist durchaus berechtigt, daß Preller hierzu eine Stelle aus Albericus ‚De Deorum imaginibus' 8 zitiert[4], aus so später Zeit dessen Büchlein auch stammen mag; die Notiz ist aber hochinteressant und muß aus einer alten und guten Quelle geschöpft sein: (Mercurius) de albis vero nigrum vel ex nigris alba faciebat, quod ostenditur per eius pileum semialbum et seminigrum. Wir kommen unten noch einmal hierauf zurück.

Als Autolykos Gattin wird schon in der Odyssee[5] Amphithea genannt, Mutter der Antikleia, deren Sohn Odysseus war. Ein anderer Name seiner Gattin ist Neaira[6]. Beide Namen sind hochbedeutsam. Amphithea ist eine ähnliche Bildung wie Hemithea (d. h. halbierte Göttin, nämlich der Halbmond[7]). Eine Hemithea ist Tochter des Kyknos[8], mit anderen Namen Leukothea (Weißgöttin) oder Amphithea genannt; ihr Bruder ist Tennes, von dem der vielfach variierte Aussetzungsmythus, der bekanntlich lunaren Ursprungs ist, erzählt wird[9]. Amphithea kann nur ‚die auf beiden Seiten

---

[1]) Vgl. Mythol. Br. 114; Drchkpfe. 72; G. Hüsing, Beiträge zur Kyros-Sage. Berl 1906. S. 101. — [2]) Tzetz. Lykophr. 344 . . ὥς φησι καὶ Ἡσίοδος· πάντα γὰρ ὅσσα λάβεσκεν, ἀείδελα πάντα τίθεσκεν (Pr., I³, 305 A. 1; [4] 409 A. 1). — [3]) Serv. Aen. 2, 79. — [4]) In der 4. Aufl. I, 409 weggelassen. — [5]) 19, 410. — [6]) Paus. 8, 4, 6: παῖδα δὲ Περεῖ ἄρρενα μέν φασιν οὐδένα, Νέαιραν δὲ γενέσθαι θυγατέρα· ταύτην γυναῖκα ἔσχεν Αὐτόλυκος. — [7]) So auch Döhring, Etymol. Beitr. z. gr. u. d. Myth. S. 5.: ‚Hemithea wurde am Hellespont in Kastabos als Heilgöttin bei schweren Entbindungen angerufen' (!) — [8]) Über den ‚Mondschwan' Kyknos s. Drchkpfe. 77—80.

[9]) Über viele verwandte Sagenformen s. G. Hüsing, Beiträge zur Kyros-Sage (z. B. S. 28 ff.) und H. Lessmann, ‚Die Kyrossage in Europa'. — Über

Göttin' d. h. die Göttin nach 2 Seiten hin, die also wie der Mondkopf Janus nach 2 Seiten, nämlich nach Osten und Westen hin blickt, bedeuten. Neaira aber bezeichnet ganz gewiß den jungen Neumond; so die *δῖα Νέαιρα*, die nach Od. 12, 133 von Helios Mutter der schöngelockten Nymphen Lampetie und Phaethusa ist, welche die Herden des Helios weiden. So sind denn Autolykos-Amphithea (Neaira) das uralte Götterpaar Sonne und Mond, ein ‚Selbstleuchter' oder ‚Lichtwirker' (Lykurgos) und eine ‚nach beiden Seiten hin leuchtende Göttin'; doch können die Rollen unter Umständen vertauscht werden.

Auch die Gegenstände, welche Autolykos stiehlt, weisen z. T. auf die himmlischen auch von Hermes betretenen Räume und lassen wieder in ihm eine Nebengestalt dieses Gottes wie auch des Odysseus erkennen. Er stiehlt nämlich Rinder des Eurytos[1] und Sisyphos[2]; dem Amyntor, ‚nachdem er eingebrochen war' (*δόμον ἀντιτορήσας*[3]), eine berühmte, durch viele Hände gegangene Lederhaube mit Eberhauern, die in der Dolonie Odysseus von Meriones aufgesetzt wird; Autolykos hatte sie nach Skandeia gebracht und dort verschenkt; sie ist, wie die Kappe des Odysseus überhaupt, offenbar ein charakteristisches Abzeichen, wie der von Hermes gewöhnlich getragene *πῖλος* (eine runde Filzkappe) oder die unsichtbar machende Kappe des Aides[4], welche H. im Gigantenkampfe trägt, gleich der Tarnkappe der deutschen Heldensage[5].

Wenn Sisyphos statt des Laertes als Odysseus' Vater in die genealogische Reihe eingeschoben ist, so wird auch in dieser von verknüpfenden Sagenzusammenstellern gegebenen Form eine alte Überlieferung anzuerkennen sein, da eine ganz neue Erfindung schwerlich gegen die feste Angabe

Tennes vgl. Pape-Benseler: ‚Er wurde von der Stiefmutter Philonome oder Kalyke verleumdet, von Kyknos in einer Kiste ins Meer ausgesetzt, welche Poseidon an die früher Leukophrys (Weißbraue!), nun aber nach ihm Tenedos genannte Insel trieb, wo er König wurde'. Zu Leukophrys vgl. Döhring, Etym. Beitr. 5. — [1]) Apoll. 2, 6, 2. — [2]) Hyg. f. 201. — [3]) Il. 10, 267. — [4]) Apoll. 1, 6, 2: *Ἑρμῆς δὲ τὴν Ἄιδος κυνέην ἔχων κατὰ τὴν μάχην Ἱππόλυτον ἀπέκτεινεν.* — [5]) Drchkpfe 101.

Homers aufgekommen wäre. Sisyphos ist ohne Frage eine dem Hermes und Odysseus verwandte göttliche Gestalt gewesen.

3. Herse (Kreusa). Kephalos (Keryx.)

Als verhältnismäßig junge Sage könnte die von Hermes' Liebe zu Herse [1] erscheinen, falls sie nämlich nichts als eine Allegorie wäre zum Ausdruck des Gedankens, daß der Mondgott die Taubildung befördert, was er nach allgemeiner und weit verbreiteter Anschauung unzweifelhaft tut. Doch solcher Auffassung dürften die festgezeichneten Gestalten dieses ganzen Sagenbündels widerstreiten, die eben nicht nach Allegorien aussehen. Herse [2] genoß mit ihren beiden Schwestern Pandrosos und Aglauros (Töchtern des Kekrops, d. h. ‚Rundgesicht' oder ‚Radauge') in Athen einen Kult; sie hatten ein Heiligtum auf der Akropolis und Feste. Außerdem gab es einen Mythus, daß Athene den neugeborenen Erichthonios den drei Schwestern in einer verschlossenen Lade [3] übergeben hatte, daß Aglauros und Herse (oder Pandrosos; oder Aglauros allein, Ov.) sie öffneten und sich dann im Wahnsinn von der Akropolis herabstürzten [4]. Ovid erzählt, wie Aglauros, weil sie zu gierig nach Gold war, auf Athenes Veranlassung vom Neide vergiftet [5] und, weil sie Hermes' Liebe zu Herse hindern will, vom erzürnten Gotte in einen Stein verwandelt wird. Der Name Pandrosos bedeutet die ‚Ganztauige', ‚Alltauende'; Herse (eigentlich Tau) wohl gleiches; sehr richtig sagt Seeliger [6]: ‚Die Deutung der Heroine (Herse) wird durch den Namen gegeben; sie ist von ihrer Schwester Pandrosos nicht zu scheiden, (vgl. *Ἀπόλλων Ἕρσος* C. J. A. I, 431)'. Der Name Aglauros hängt mit *ἀγλαός* (= *λαμπρός*) und *αἴγλη*

---

1) Apoll. 3, 13: *Ἕρσης δὲ καὶ Ἑρμοῦ Κέφαλος, οὗ ἐρασθεῖσα Ἠὼς ἥρπασε καὶ μιγεῖσα ἐν Συρίᾳ παῖδα ἐγέννησε Τιθωνὸν, οὗ παῖς ἐγένετο Φαέθων.* — Ov. Met. II, 708–832. — 2) Vgl. Seeliger bei Ro., A. L. I, 2589 f. — 3) Ov. Met. II, 532 ff. — 4) Der Aglauros ‚wurden in Salamis auf Cypern Menschenopfer dargebracht'. (Steuding, Wochenschr. f. klass. Phil. 1907 Sp. 767 in der Anzeige von B. Powell, Erichthonios and the three daughters of Cecrops. New York 1906.) Ob sie aus Asien stammt, sei dahingestellt. — 5) v. 784. 800. 807. — 6) 2590.

(Glanz) zusammen. Die drei sind also Tau spendende Genien, Tauschwestern. Nun aber ist nach dem Geiste und Entwicklungsgang der (älteren) Göttermythen schwer glaublich, daß Leute gesagt haben sollten: Es fällt reichlich Tau; also wollen wir den (sonst unbekannten) Urheber dieser Wohltat als Gott verehren. Dem Bedürfnis, einen göttlichen Urheber für irgend eine Erscheinung haben zu wollen, verdanken wirklich alte Mythen selten ihr Dasein[1]. Viel wahrscheinlicher ist auch hier, daß sie die Wohltat des Taues derjenigen Himmelsmacht zuschrieben, die sie längst als mächtig in das Pflanzenleben, auch in Regen- und Witterungsverhältnisse eingreifend kannten, d. h. auf die Mondgottheit. Dieser kommt das Tauspenden ganz besonders zu[2], daher *δροσόεσσα Σελήνη*[3] und roscida luna[4]. Diese Anschauung, verbunden mit der weitergehenden, daß der Mond überhaupt die Pflanzen sowie alle Kreaturen wachsen läßt, ist ja über die ganze Welt verbreitet[5]. Nach einem Fragment des Alkman[6] ist Herse Tochter Selanas und des Zeus. Zu beachten ist die Dreizahl der Kekropiden (Phasen!) sowie ihre Beziehung zu Athene und Erichthonios[7]. Eine wird wie Niobe in einen Stein verwandelt, was auf verwandte Wesenheit schließen läßt[8]; ebenso bedeutsam ist der Sprung oder Sturz vom Felsen, der bekanntlich in vielen Mondsagen eine Rolle spielt[9]; nicht minder der vom Vergiftetwerden[10]; daß

[1]) Vgl. die sehr richtige gegen Lehrs gerichtete Bemerkung von Roscher, Herm. d. Wg. S. 7 A. 2. Die römischen Indigitamenten-Gottheiten machen eine Ausnahme. — [2]) Vgl. Roscher, Selene und Verwandtes (Lpz. 1890) S. 49 - 55 („der Mond und Selene als Tauspender"); A. L. II, 3147 f. — [3]) Nonn. D. 40, 376; 44, 221. — [4]) Verg. Georg. 3, 337. — Plut. Qu. conv. 3, 10, 3, 14: *δροσοβολεῖ γὰρ ταῖς πανσελήνοις μάλιστα*; Cic. N. D. II, 19, 50. — [5]) Vgl. Ehrenreich, Die Myth. u. Leg. der südam. Urvölker S. 42 f. (Mond als supponierter Erzeuger des Nachttaus). Der Mond ist bei den Indern ‚Herr der Wasser'; (candramaso vai vṛishṭir jâyate), Hillebr. Ved. M. I, 355 f. — [6]) fr. 39 Bergk. — [7]) Vgl. Drachkpfe. 32 A. 1. — [8]) Ebda 67. A. 2. — [9]) Vgl. Ino, Aisakos; Kephalos; Dionysos (sich vor Lykurgos rettend); Aigeus; auch in Mythen der Indianer Südamerikas vorkommend (Ehrenreich, Myth. u. Leg. S. 36). Vgl. auch Lessmann, Kyrossage in Eur. S. 39, (Harrassprung!) — [10]) Vgl. Vergiftung oder Verzauberung des Minos und aller seiner Geliebten durch Pasiphae (Apolld. 3, 15, 1; Antonin. Lib. 41) auch durch Schlangenbiß (Eurydike!).

letzteres durch den personifizierten ‚Neid' geschieht, dürfte eine auf Ovids oder seiner unmittelbaren Quelle zu setzende Neuerung sein. Sehr zu beachten ist, daß Pandrosos und Aglauros auch Schwurgöttinnen waren, eine Rolle, die durchaus Mondgottheiten[1] zukommt; man schwor *νὴ τὴν Πάνδροσον* (Ar. Lys. 439), *μὰ τὴν Ἄγλαυρον* (Ar. Th. 533).

Hiernach kann die Liebe des Mondgottes H. zu Herse ebensowenig befremden, wie ihr gemeinsamer Sohn Kephalos (das ‚Haupt'), in dem ich durchaus nur einen Mondheros (mit sonnenhaften Zügen) zu sehen vermag. Der Mond ist ein bloßer Kopf, wie Medusa, Mimes Kopf, zum Teil auch Janus u. a. m.; als abnehmender Mond fängt er an, die Morgenröte zu lieben oder wird von ihr geliebt und vereinigt sich mit ihr im fernen Osten, (in Syrien, sagt der Mythos). Prokris ist sein weibliches Gegenbild; seine Erneuerung ist Tithonos[2], den ihm Eos geboren haben soll, obwohl er sonst gewöhnlich Gemahl der Morgenröte ist. Phaethon und Memnon gehören durchaus in diesen Kreis. Eine ganz verständliche Nebenform ist es, welche Kephalos als Sohn des Hermes und der Kreusa, d. h. der ‚Wachsenden' (d. i. der zunehmende Mond, also etwa gleich der Neaira) bezeichnet[3]. Es scheint mir verkehrt, aus solchen Abweichungen den Schluß ziehen zu wollen[4], daß man sie sämtlich zu rein äußer-

[1]) Über Men als Schwurzeugen s. Drexler bei Ro., A. L. II. 2767; Ro. ebda. 3126; Drchkpfe. 77.

[2]) Myth. Br. 54 ff. — Dem Tithonos-Mythus in mancher Hinsicht ähnlich ist der babylonische Adapa-Mythus (vgl. H. Zimmern, Keilinschriften und Bibel. Berl. 1903 S. 21), ohne daß jedoch ein historischer Zusammenhang anzunehmen wäre. Es ist der bekannte Naturmythus, von zwei Völkern selbständig am Himmel gelesen und ausgedrückt. — Prokris ist schon längst von Preller, Gr. M. II[3], 147 als Mond gedeutet wurden, und andere wie Usener und Roscher sind ihm darin gefolgt; vgl. Liebesgesch. d. H. S. 115 (Ro., A. L. II, 1099). Auch Döhring, Etym. Beitr. S. 13 f., erkennt in Prokris die Mondgöttin, erklärt aber (wie Preller) Kephalos für den Morgenstern. Doch macht mich die ‚veränderte Gestalt' und die ewige Jagd seines Hundes Lailaps (d. i. er selber!) auf den teumessischen Hund (Pr. II[3], 148), sowie seine achtjährige Abwesenheit (Ro., A. L. II, 1100) bedenklich. — [3]) Hyg. f. 160. — [4]) Rapp bei Ro., A. L. II, 1090: um ‚dem von Eos entführten Kephalos eine andere für einen attischen Heros passende Abstammung zu geben'.

lichen Zwecken ohne einen in alter Überlieferung vorliegenden Grund einfach erfunden habe. Die Schilderung bei Ovid, wo Hermes über Attika hinfliegend die mit unendlicher Schönheit geschmückte[1] Herse erblickt und von gewaltiger Liebessehnsucht ergriffen wird, ist vielleicht nicht bloße dichterische Erfindung, so wenig wie die Mitteilung, daß von den drei kostbar ausgestatteten Gemächern, in denen Pandrosos, Aglauros und Herse wohnen, Herse das mittelste bewohnt(739); auf Vasenbildern findet man Hermes in der Verfolgung der Herse dargestellt.

Einer anderen Gedankenreihe als Kephalos entspringt Keryx als Sohn des Hermes und der Herse (oder auch der Pandrosos oder der Aglauros; man sieht, es sind nur drei Namen für dieselbe Person)[2]; diese Sage mag wirklich jung und tendenziöse Erfindung einer attischen Familie sein; das zeigt schon der farblose und wenig mythologische Name Keryx. Man wollte für das Geschlecht der Hierokeryken einen göttlichen Ahnherrn konstruieren[3].

4. Eros. Hermaphroditos. Rhene. Nymphen (Daphnis). Orion.

Von Wichtigkeit sind Hs' Beziehungen zu Eros; denn dieser Gott verdankt seine Entstehung keineswegs dem ästhetischen oder symbolisierenden Phantasiespiel der Späteren, sondern ist ohne Frage ein alter Gott mit altertümlichem Kult und altertümlichen Symbolen (sit venia verbo)[4]. Man kann glauben, auch wenn man auf die Zusammenstellung mit skr. arvat nichts geben will[5], daß er in die indoger-

[1]) Quanto splendidior, quam cetera sidera, fulget Lucifer; et quanto te, Lucifer, aurea Phoebe; Tanto virginibus praestantior omnibus Herse Ibat. 722 f. Überschwengliche Schönheit ist stehender Ruhmestitel besonders des Vollmondes, als Weib gedacht. — [2]) Seeliger a. a. O. II, 2590. Auch Powell, Erichthonius and the three daughters of Cecrops (New York 1906) faßt, wie ich aus der Anzeige i. d. Wochschr. f. kl. Phil. 1907 S. 767 ersehe, Herse als bloßes jüngeres Gegenbild der Pandrosos. Der Aglauros wurden in Salamis und Cypern Menschenopfer dargebracht (ebda.), was für ihr hohes Alter spricht. — [3]) Roscher, Herm. d. Wg. 25. — [4]) Vgl. die schöne Behandlung von A. Furtwängler bei Ro., A. L. I, 1339—1372. — [5]) ἔρως = skr ar-vas, arvat = der eilende (= Roß)? Mehlis 94 (nach M. Müller).

manische Urzeit zurückgeht. Man hat ihm solares Wesen zugeschrieben[1]. Cicero[2] sagt: Cupido primus Mercurio et Diana prima natus; secundus Mercurio et Venere secunda; tertius, qui idem est Anterus, Marte et Venere tertia.

Die Vaterschaft des Hermes galt wahrscheinlich besonders für den altertümlichen Eros von Thespiai, wo Eros die Hauptgottheit von alters her war und wo er unter einem sehr altertümlichen Symbol (besser gesagt einer Form), einem rohen Stein verehrt wurde[3], während in Parion am Hellespont sein altes Idol hermenförmig gewesen zu sein scheint[4]. Furtwängler urteilt: ‚Vermutlich war der Eros von Thespiai ein dem Hermes verwandter Gott der Zeugungskraft', (will sagen der alte zeugnerische Mondgott). Die Mutterschaft der Artemis zeugt für alte Zusammenstellung von H. und Artemis[5] als Formen des uralten Götterpaares, hier wohl derselben Urpotenz, in eine männliche und eine weibliche zerlegt. In einem alten Hymnus in Delos wurde Eros als Sohn der Eileithyia und älter als Kronos gefeiert[6]. Man wird Furtwängler wohl beistimmen müssen, welcher sagt[7]: ‚Die Eileithyia dieses Hymnus war eine wirkliche Göttin, wahrscheinlich gleich der auf Delos in alter Zeit so hoch verehrten Artemis, und Eros als ihr Sohn wird nicht auf Spekulation, sondern auf echt mythische Vorstellung eines Kultus zurückgehen'. Mit einem Wort, der alte Naturgott Eros wird seine Wurzeln in denselben Anschauungen haben, aus denen Hermes und Artemis (sowie fast alle anderen großen Götter) erwachsen sind. Daher kommen ihm auch Hermes und Aphrodite als Eltern sehr wohl zu, die auch im Kult zusammen mit Eros vereinigt vorkommen[8]. Auch mit Herakles war er im Kult oft verbunden. Nicht ohne Grund nannte ferner Akusilaos Eros den Sohn der Nacht und des Äthers[9]).

---

[1]) Gerh. § 488. — [2]) N. D. III, 23, 60. — [3]) Furtw. 1341. Über den Mond als Stein s. Drchkpfe. 67 A. 2. — [4]) Ebda. 1342. — [5]) Wohl = Hekate, s. unten. — [6]) Paus. 9, 27, 3. — [7]) 1346. — [8]) 1352 f. — Veneris et Mercurii (So! Wohl nicht des Hermaphroditos; Ro., A. L. I, 2318) fanum ad ipsum Salmacidis fontem bei Halikarnaß erwähnt Vitruv. 2, 8, 11. — [9]) Furtw. 1345.

Aus dem alten Naturgott Eros ist zunächst durch die Theologie der Orphiker, von der schon Hesiod abhängig ist[1], der kosmogonische Eros entstanden, der uns hier nur insoweit interessiert, als auch aus den über ihn gegebenen Andeutungen alte Mythen, die offenbar dazu benutzt[2] sind, durchschimmern. Dazu gehört die ihm von alters her gegebenen Beflügelung, (er trägt auch Flügelstiefel wie Hermes[3]); die Hervorhebung seiner Schönheit[4], die wie bei Ganymedes, Pelops[5], Leukippos, Aphrodite, Helena und so vielen Mondwesen nicht ohne tiefere Bedeutung sein mag; seine Weisheit, (er ist *πολυμῆτις*); die Lehre von dem silberglänzenden Weltei[6] (*ὠεὸν ἀργύφεον*), aus dem Eros, (auch als Phanes[7] bezeichnet) hervorspringt; die Behauptung, daß er *λαμπρῷ φωτὶ* die Nacht erhellend *δημιουργός* wird[8]. Selbst die Ausstattung mit Bogen, Leier und Kranz, die Fackel, die Muschelgeburt, die ihm wie der Aphrodite zugeschrieben wird[9], seine Beziehung zu mondhaften Tieren (Hahn, Schwan, Bock[10]) könnte man versucht sein, für alt zu halten, obwohl hier allerdings spätere Erfindung wahrscheinlicher ist. Furtwängler bespricht merkwürdige Darstellungen, in denen ein Eros dem großen Kopfe der Kora entschwebt. „Mit Kora kehrt also auch Eros wieder“[11].

Zweifeln kann man auch, ob die Zusammenstellung von Eros und Anteros[12], die schon verhältnismäßig früh erscheint, sich nicht vielleicht auf sogar recht alte Anschauungen stützt. Einem Eros als Naturmacht, wie ich ihn auffasse, entspräche sehr wohl ein Anteros, wie die nach Osten und Westen gewandten beiden Gesichter des Janus-Kopfes sich einander

---

1) 1344. — 2) Das ist auch Furtw.'s richtige Ansicht: ‚Der Kultus ist das ältere, an den die kosmogonische Spekulation nur anknüpft‘. Vgl. Drchkpfe 17. — 3) Furtw. 1354.; Hermes trägt hohe Stiefeln, Ro., H. d. Wg. 27. — — 4) *ἠδ' Ἔρος, ὃς κάλλιστος ἐν ἀθανάτοισι θεοῖσι*, Hes. Theog. 120; s. oben S. 7; 29; 59. — 5) Mythol. Br. 163. — 6) Furtw. 1344. — 7) Drchkpfe. 17. — 8) Furtw. 1346. — 9) 1357. — 10) 1358. Im Märchen von Amor und Psyche behaupten die bösen Schwestern, der nächtlich bei Psyche ruhende Gott (Eros) sei eine schreckliche Schlange; was vielleicht doch auf alter Gleichsetzung beruht (vgl. Drchkpfe. S. 6). — 11) 1342. — 12) Vgl. Paus. 6, 23, 5.

entsprechen. Die Auffassung von ‚Liebe' und Gegenliebe[1] wäre dann erst später hineingetragen.

Soviel dürfte als ausgemacht feststehen, daß die Zusammenstellung von Hermes und Eros als Vater und Sohn, sowie des H. Beziehungen zu Artemis Eileithyia, zu Aphrodite (zu Proserpina) nichts enthält, was unserer Auffassung vom ursprünglichen Wesen des H. widerspricht, wohl aber sehr vieles, was sie unterstützt.

Der Hermaphroditos[2] als Sohn des H. und der Aphrodite, die allerdings im Kult oft verbunden waren[3], ist wahrscheinlich eine ganz junge Phantasieschöpfung der Kunst, obwohl die Idee einer doppelgeschlechtigen Gottheit alt ist. Da eine solche nicht auf ursprünglicher Anschauung beruht, sondern dem Nachdenken, der Spekulation entspringt, so ist in diesem Falle die Möglichkeit zuzugeben, daß die zeugende und gebärende Naturkraft in ihr zum Ausdruck gebracht werden sollte; doch sei noch einmal daran erinnert, daß der Mond fast überall gleichzeitig bald als männlich bald als weiblich gefaßt wurde[4], und daß daher eine zur Systematik neigende Priesterschaft leicht darauf kommen konnte, den Gott als zweigeschlechtig hinzustellen (als Hermes und Aphrodite). Sehr merkwürdig ist, was der freilich sehr späte (mittelalterliche) Albericus über die Zweigeschlechtigkeit des H. sagt[5]. Von der komponierten Namensform

---

1) Pr., Gr. M. I², 396 (⁴, 504). — 2) Vgl. P. Herrmann, Hermaphroditos bei Ro., A. L. I, 2314—42. — 3) S. oben S. 54. — 4) Darauf sind auch mehrere Sagen vom Geschlechtswechsel (oder Kleidertausch) zurückzuführen, vgl. Teiresias, Ka:neus, Iphis, Leukippos (Herakles, Achilles); vgl. Mythol. Br. 139 und Döhring, Etym. Beitr. 22 f. — 5) Überhaupt ist dessen Bericht über Hermes vielfach interessant. Er muß aus einer unbekannten guten Vorlage stammen; ich setze ihn daher ganz her:

Mercurius sextus in ordine planetarum, sicut et alias ab antiquis gentibus sextus deus esse dicebatur, cuius imaginem in hunc modum pingere voluerunt. Erat ipsius signum homo unus, qui in capite et in talis alas habebat: in manu autem sua laeva virgam tenebat, quae virtutem habebat soporiferam, et quae erat serpentibus circumsepta. Et gladium curvum, quem Harpen †homo (Homerus ?) vocabat: fistulamque de calamo factam Syringe ad os suum ponebat, dextra sonans; galeram quoque seu umbellam capite portabat. Coram ipso autem erat gallus, sibi peculiariter consecratus. Ab altera vero parte erat Argus, cuius caput et facies plena erat oculis, qui coram eo iacebat

Hermaphroditos ist aber auch möglich, daß sie von vorn herein nur einen Aphroditos (ein solcher ist für Cypern nachweisbar, Serv. zu Verg. Aen. 2, 632) in Hermenform ausdrücken will (vgl. Hermathena, Hermerakles, Hermerotes[1]). Die Auffassung, daß der Name ihn als Sohn des Hermes und der Aphrodite bezeichne, findet sich erst bei jüngeren Schriftstellern[2]. Ovid Met. IV, 288: Mercurio puerum diva Cythereide natum Naides Idaeis enutrivere sub antris. P. Hermann[3] urteilt wohl ganz richtig: ‚Diese soeben geschilderte Sagenversion... entbehrt jeglicher guten alten mythologischen Grundlage. Man erkennt dies ohne weiteres daraus, daß dieser Hermaphroditos eine vollkommen verblaßte Figur ist, eine rein künstlerische oder dichterische Fiktion, ohne jegliche mythologische oder symbolische Bedeutung, wie wir sie oben[4] für das ältere Stadium der Entwicklung nachgewiesen haben‘. Wenn bei Hygin[5] unter den ephebi formosissimi ein Atlantius, Mercurii et Veneris filius, qui Hermaphroditus dictus est, aufgeführt wird, so könnte ja dies vielleicht auf das Vorhandensein eines Mythus schließen lassen, ist aber doch wohl weiter nichts als ein Mißverständnis der Worte Ovids[6], der den Hermaphroditos Atlantiades nach seinem Großvater Atlas nennt. Bunte hält die Lesart für verderbt[7].

Als ein bloßes Spiel der Phantasie, eine Allegorie, an Hs' bekannte Beziehungen zur Herde (als νόμιος, ἐπιμήλιος)

---

decollatus. Iste ergo dictus est deus mercatorum, et deus furtorum: et ideo ab alio eius latere depicti erant mercatores cum aliquibus mercibus: et latro, qui ipsi mercatori peram abscidebat. Eloquentia autem in fistula designatur, qui de viro in foeminam, et de foemina in masculum se mutabat, cum volebat: et ideo pingebatur cum utroque sexu. De albis vero nigra, et de nigris alba faciebat, quod ostenditur per eius pileum semialbum et seminigrum. Aliqui vero eum capite canino pingebant: ideoque et lanceam pro virili, et colum pro muliebri sexu tribuerunt. (De Deorum Imaginibus c. 6). — [1]) Hermann a. a. O. 2315. — [2]) Ebda. 2317. — [3]) 2318. — [4]) 2315 f. Der Name Hermaphroditos begegnet zuerst bei Theophrast char. 16. — ‚Ein göttlich verehrtes ‚doppelgeschlechtiges Wesen‘ in den Kreis der Aphrodite gehörend. 2316; auch wohl mit Recht zu Dionysos in Beziehung gebracht. — [5]) f. 271. — [6]) v. 368: perstat Atlantiades, sperataque gaudia nymphae (der Salmacis) Denegat. — [7]) Die andern anknüpfend, ist vielleicht auch die Sage[1] zurückzuführen, daß H. mit Rhene den Saon oder Saos, den ersten Ansiedler oder den Heros Eponymos von Samothrake, gezeugt habe. Der Name Rhene wird von ἡ ῥήν, ‚Schaf, Lamm‘ (fem.!) abgeleitet. Preller[2], der Rhene als ‚Göttin der Schafherde‘ faßt, sagt: ‚Σάος und Σάων, nach anderen (Diod.) der Sohn des Zeus mit einer Nymphe, ist i. q. Σῶκος, also eigentlich wohl Hermes selbst‘. Dionys nennt Σάμων einen Sohn des Hermes und einer kyllenischen Nymphe Arkadiens, genannt Rhene. Auch hier läßt sich übrigens sagen: Sollte Rhene geradezu (weibliches) Schaf (ἡ ῥήν) bedeuten, so wird man sich Hermes in diesem Mythos wahrscheinlich als Widder[3] gedacht haben, das alte Götterpaar in dieser Tierform. —

Verwandt ist die aus der Ilias[4] bekannte Sage von Hermes' (des κρατὺς ἀργειφόντης und Ἑρμείας ἀκάκητα) Liebe zur schönen Polymele (‚viele Schafe besitzend‘), der Tochter des Phylas. Der Gott verliebte sich in sie, als er sie beim Reigentanze in dem Chor der Artemis erblickte, was an die oben mitgeteilte Schilderung Ovids vom Abenteuer mit Herse erinnert; Polymele gebar dem Gotte den Eudoros; ‚sie entspricht jener samothrakischen Rhene‘ (Preller). —

Überhaupt buhlt H. vielfach mit Nymphen, deren Liebhaber und Entführer er ist[5], und entsprechend der eben berührten Stelle der Ilias sagt Aphrodite im sogenannten homerischen Hymnus[6] auf sie, dem Anchises Falsches vorspiegelnd: ‚Jetzt hat mich der goldbestabte Argeiphontes aus dem Chor der Artemis geraubt‘. Diese Rolle setzt dann

---

bei Hygin aufgeführten formosissimi ephebi, nämlich Adonis, Endymion, Ganymedes, Hyakinthos, Narkissos, Hylas, Chrysippos haben fast sämtlich lunaren (oder solaren) Ursprung. — [1]) Diod. V, 48. Schol. zu Apoll. Rhod. I, 917. — [2]) Gr. M. I[3], 308 A. 2 ([4] 398 A. 4: *Σάμων υἱὸς Ἑρμοῦ καὶ νύμφης Κυλληνίδος Ῥήνης ὀνομαζομένης*. Dionys. H. 1, 61). — [3]) Über H. als Widder s. unten. — [4]) 16, 179–193. — [5]) Hymn. Hom. III, 262 f.:

τῇσι δὲ Σειληνοὶ καὶ ἐΰσκοπος Ἀργειφόντης
μίσγοντ' ἐν φιλότητι μυχῷ σπείων ἐροέντων.

[6]) v. 117:

νῦν δὲ μ' ἀνήρπαξε χρυσόρραπις Ἀργειφόντης
ἐκ χοροῦ Ἀρτέμιδος χρυσηλακάτου, κελαδεινῆς.

sein Sohn und seine Nebengestalt Pan fort, der gern mit den Nymphen tanzt, und auf dessen Liebe zur Selene[1] hier besonders hingewiesen sei. Mag man die Bedeutung der Nymphen fassen, wie man will, sie wird sich mit der von uns angenommenen Urbedeutung des H. oder mit seiner Weiterbildung (als Hirtengott[2]) gut vereinigen lassen. —

Auch Hs' Beziehungen zur Göttin der Unterwelt bestätigen unsere Gesamtauffassung. Die Artemis, mit der er den Eros gezeugt haben soll, ist wohl für Hekate zu halten[3]. Daß H. zusammen mit Hekate zu Methydrion in Arkadien an jedem Neumond geopfert wurde, haben wir oben gesehen[4]; Hesiod stellt beide als Beförderer des Herdesegens zusammen (Theog. 444). Sein erotisches Verhältnis zu der vom Unterweltsgott geraubten Persephone ist ebenfalls oben[5] mit Ciceros Worten erwähnt worden. Zu Pherae am böbeischen See in Thessalien erzählte man, daß er dort mit Brimo gebuhlt habe. Brimo ist Beiname der Hekate, der Persephone, der Demeter und Kybele und der Artemis von Pherae[6]. Im sogenannten homerischen Hymnus auf Demeter führt H., hier freilich als Bote des Zeus, Persephone ‚auf goldenem Wagen' in die Oberwelt zurück.

Es möchte schwer sein, diese Beziehungen zu den Gottheiten der Unterwelt mit dem Begriff eines Windgottes zu vereinigen. —

Streiflichter auf Hs' Wesenheit fallen auch aus einigen entlegenen, seine Söhne betreffenden Sagen. Daphnis[7], die Lieblingsfigur des sicilischen Hirtengesangs und als Sohn

---

[1]) Vgl. Ro., A. L. III, 1403. — [2]) In der Od. 14, 435 bringt Eumaios einen Teil des geschlachteten Schweines Hermes und den Nymphen dar. — [3]) S. oben S. 54. — [4]) S. 11. — [5]) S. 40.

[6]) Pr., Gr. M. I[2] 297 A. 3 ([4] 388 A. 1): ‚Propert. 2, 2, 11: Mercurio sanctis fertur Boebeidos undis Virgineum Brimo composuisse latus . . . In Eleusis galt der Heros Eponymos für einen Sohn des Hermes und der Δάειρα oder Δαῖρα, welche für eine Tochter des Okeanos und die Schwester der Styx, aber auch für die Persephone oder ein derselben nahestehendes Wesen gehalten wurde'. Paus. 1, 38, 2: Ἐλευσῖνα . . . οἱ μὲν Ἑρμοῦ παῖδα εἶναι καὶ Δαείρας Ὠκεανοῦ θυγατρὸς λέγουσι, τοῖς δέ ἐστι πεποιημένα Ὤγυγον εἶναι πατέρα Ἐλευσῖνι. — [7]) S. Pr., Gr. M. I[2], 565 ([4], 719); Gruppe, Gr. M. 964 f.

des H. und einer Nymphe bezeichnet, ist doch wohl keine reine Erfindung des Stesichorus. Die Erzählung, daß er als Kind im Gebirge ausgesetzt worden war, und die von seiner Blendung scheinen doch einen echt mythischen Kern zu enthalten.

Sehr merkwürdig ist die einer späteren und zarteren Zeit sehr anstößige Sage von der Erzeugung des Orion durch die drei Götter Zeus, Poseidon und Hermes[1] ohne ein Weib aus der Erde oder aus einer Stierhaut. Die aus der Stadt Hyria stammende Sage war schon Pindar bekannt, und sie sieht altertümlich genug aus. Ich erkenne in ihr die Gedanken: der Mond (denn das ist Orion von Hause aus[2]) entsteht aus der Haut des (abgehäuteten oder toten Mond-) Stieres unter Mitwirkung des Himmelsvaters, des Meeres und des vorangegangenen Mondes. Die Rede vom Abziehen der Haut des Mondgottes und darauf gegründete rituale Handlungen sind vielfach bezeugt. Die Ribhus ziehen oder schälen ‚die Kuh' (d. i. Priçni, die Mondkuh) ‚aus der Haut' (Rv. 1, 110, 8; 161, 7; 4, 36, 4; Liebesgesch. 82 f.); dem Cyavâna ziehen die Açvin die Haut ab, wie einen Rock, um ihn zu verjüngen (Rv. 5, 74, 5; 1, 116, 10); Rudra wird aufgefordert, ein Fell umzutun (Vâj. S. 16, 51), er ist der ‚fellgekleidete'; Apollo zieht dem Marsyas die Haut ab, Athene dem Pallas (und umhüllt sich mit der Haut, Apollod. I, 6, 2, 3), Herakles dem nemeischen Löwen. Pan schmückt sich mit Widderfellen. Bei den alten Mexikanern ist der rote und weiße Xipe (Mondgott; er trägt den goldenen Halbmond in der Nase) geschunden; er ist ‚unser Herr der Geschundene'; er trägt die abgezogene Haut des Opfers; ihm zu Ehren findet das Fest der Menschenschindung statt (Seler in der Ztschr. f. Ethnol. 1907 S. 11; Cod. Borgia I, 149; vgl. 155).

Als Sohn des H. wird auch Myrtilos, der treulose

---

[1]) Emissione seminis. Orion heißt danach τριπάτωρ bei Lykophron u. a. — Vgl. Pr., Gr. M. I[3], 354 ([4], 453); Ov. Fast V, 495 ff.; 532: Pudor est ulteriora loqui. — [2]) Bezeichnend sind seine wunderbare Schönheit, seine Riesenhaftigkeit, seine Rolle als Jäger; er wird geblendet, erhält aber an den Strahlen der Sonne sein Augenlicht wieder; als er im Meere schwimmend nur mit dem dunklen Haupte hervorragt, wird er von Artemis erschossen usw.

Wagenlenker des Oinomaos, bezeichnet. H. rächte seinen Tod, ‚indem er den goldenen Widder zum Zankapfel zwischen Atreus und Thyestes machte‘[1].

Verschiedene Landesheroen, deren Aufzählung nicht nötig ist[2]) galten als Söhne des Gottes: Ein Aithalides, Sohn des H. und der Eupolemeia, war Herold der Argonauten. Seine Seele wanderte später in Euphorbos und Pythogoras ein, wie gefabelt wurde. — Die Evandersage ist wohl römische Neusage. Evander ist als Faunus dem Pan gleichgesetzt und somit Sohn des H.

---

[1]) Pr. II[3], 385 A. 4 ([4], 389 A. 1). — [2]) Vgl. Pr. I[4], 389 A. 1.

Kapitel III.

Unmittelbar aus Hs' Mondwesenheit abzuleitende Beigaben und Eigenschaften.

Berühmt ist der goldene Stab des H. Seine Erwähnung ist alt; er findet sich von Homer an verschieden dargestellt. Die Bezeichnungen Peitsche, Gerte, Stab, Szepter, caduceus bezeichnen von Hause aus natürlich dieselbe Sache. H. hat einen solchen Gegenstand, weil er in seiner schmalsten Form[1] als ein solcher erscheint. Man sieht den goldenen Stab (vielleicht auch die Krücke, den Griff) am Himmel; alles übrige, auch die Gestalt des Gottes, denkt man sich hinzu, gerade wie man sich bei den goldenen Hörnern der Mondkuh die Kuh hinzudenkt. Die Ilias berichtet von Agamemnons Herrscherstab und Scepter: ‚Hephaistos hatte es verfertigt; Hephaistos gab es dem Herrscher Zeus Kronion, Zeus aber dem Hermes, Hermes dem Pelops, Pelops dem Atreus; Atreus aber hinterließ es bei seinem Tode dem Thyestes, Thyestes dem Agamemnon'[2]. Hephaistos ist natürlich der Verfertiger aller aus leuchtendem Golde oder Erz

---

[1]) In einer indischen Sage (vgl. H. Holtzmann, Indische Sagen. Karlsruhe 1845 [Stuttg. 54] . . .) schickt der Gott Dakscha im Zorn über den Mond die Schwindsucht, daß er zusammenschwand ‚auf einen schmalen Streif'. — Über den Mond als Schlange s. Drchkpfe. 7 f.; Selene heißt in einem griech. Zauberpapyrus: ἵππος κόρη δράκαινα, λαμπάς (Wessely in den Denkschr. der Wiener Akad. XXXVI, 1888. S. 31; 29. — [2]) Il. II, 102—107.

gefertigten Kleinode am Himmel und im Kosmos. Die aufgezählten Besitzer sind samt und sonders göttliche Wesen[1]. Besonders ist Pelops (= Vollgesicht oder Vollauge) ein lunares Wesen; er erhält den (natürlich golden zu denkenden) Stab von H. und gibt ihn weiter; nach meinem Dafürhalten bildet den Hintergrund der Rede die Naturanschauung, daß der Herrscher Mond, der so früh sterben muß, sein Attribut (den schmalen goldenen Streif) seinen Nachfolgern, in denen er sich immer wieder erneuert, hinterläßt; dieser Mythus ist nun, wie das der ordnungsmäßige Entwicklungsgang ist, in die menschliche Sphäre hinabgesunken und mit historischen Erinnerungen verknüpft. Mehrfach gelangt in den Mythen dies Weitergeben oder Wandern der Gegenstände von Hand zu Hand, offenbar als kennzeichnende Merkwürdigkeit, zum Ausdruck. Herakles gibt den Apfel der Hesperiden dem Eurystheus, dieser gab sie Herakles zurück, Herakles gab sie der Athene mit der Bitte, sie nach ihrem alten Platz zurückzubringen. Vgl. das oben[2] über die von Autolykos gestohlene Kappe Bemerkte. — Wenn nach späterer Aufzeichnung Hermes ‚in die Herde des Atreus das goldvließige Lamm schickt, welches als Zeichen des dortigen Herrscherrechtes gilt'[3], so wird der Sinn nicht verschieden sein von der Verleihung des Scepters. —

Il. 24, 343 f. heißt es von Hermes:

‚Hierauf nahm er den Stab, womit er der Sterblichen Augen zuschließt, welche er will und die Schlummernden wieder erwecket'[4]; fast dieselben Worte stehen im 24. Buch der Odyssee[5], nur daß der Stab (*ῥάβδος*) noch als schöner, goldener bezeichnet wird. Wir sehen dort, daß dieser Stab

---

[1]) Vgl. Mythol. Br. 171. Zu vergleichen ist auch Adams Stab, der nach spätjüdischer Sage ‚zwischen den Sonnen', nach anderer Angabe am Abend des Sabbats nach Erschaffung der Welt erschaffen worden war', E. Böklen, Adam und Qain (Mythol. Bibl. I, 2) S. 33. — Stab des Janus Ov. Fast. I, 99. Macrob. S. I. 9, 7: Janus cum clave et virga figuratus.

[2]) S. 49. — [3]) Welcker, Gr. G. I, 334 (nach den Tragikern); (oder Hermes gibt den goldenen Widder an Pelops oder an Tantalos). — [4]) *εἵλετο δὲ ῥάβδον, τῇ τ'ἀνδρῶν ὄμματα θέλγει, ὧν ἐθέλει, τοὺς δ'αὖτε καὶ ὑπνώοντας ἐγείρει*; ebenso Od. 5, 41—48. — [5]) v. 2 f. *ἔχε δὲ ῥάβδον μετὰ χερσὶν, καλὴν, χρυσείην, τῇ τ'ἀνδρῶν* usw.

auch dazu dient, die Seelen der Gestorbenen in die Unterwelt zu treiben; (virgaque levem coerces aurea turbam Hor.); H. hat eben von alters her die Rolle als Traumgott und Seelenführer. Der von mir behauptete Naturursprung dieser ῥάβδος macht ihre Beziehung zum Einschläfern ohne weiteres klar: Wenn die Mondsichel oder der Mondstreifen am Abendhimmel erscheint, wenn also Hermes naht, ist es Schlafenszeit, und Menschen wie Tieren fallen allmählich die Augenlider zu. Über die verschlungeneren Gedankenverbindungen, wonach der Mond Aufenthaltsort der Gestorbenen (der indischen Pitaras) ist und zu ihren Seelen in Beziehung steht, später. Von Wichtigkeit ist die ausdrückliche Hervorhebung der goldenen Beschaffenheit dieses von Hephaistos geschaffenen Stabes. Man glaube doch ja nicht, daß die goldenen Beigaben der Götter in den Mythen nur schöne Dichterwendungen ohne wirklichen, auf beobachteten Tatsachen beruhenden Grund seien. In wirklich alten Göttersagen, besonders in solchen, die sich auch sonst als Naturmythen verraten, ist dies nie der Fall[1]. Schon allein diese Beobachtung hätte eine Unmenge höchst törichter Mythenerklärungen im Keime ersticken können. Ein Wind z. B. hat keine goldenen Gegenstände im Besitz. Der Geist der ältesten Mythenerzähler, von denen Homer, wenn auch schon einigermaßen, so doch noch nicht allzuweit entfernt ist, war kein tändelnder oder spielender, mit leichtem Herzen dies und das fabelnder; es war den Erzählern mit dem, was sie über die Götter sagten, meist heiliger Ernst; sie gaben die Überlieferung, die sie ohne Frage mit saurem Schweiße erlernt hatten, (weshalb die Dichter im Altertum für docti, gelehrt, galten und dafür gelten wollten), streng gewissenhaft wieder. Wenn sie den Stab des Hermes golden nannten, so taten sie es, weil er von jeher so genannt worden war, weil sich an der Tatsache nicht rütteln ließ. Es ist keine bloße Redensart; der Mythus meint es durchaus so, wie er es sagt. Hs' Stab ist eben golden, und wir müssen diese Tatsache heute ebensogut beobachten können, wie es

[1]) Vgl. Mythol. Br. 98 f.

die Alten taten. Und weil sie sich jedem, der Augen hat, enthüllt, so nannten die Alten den Gott mit stehender und feierlicher Bezeichnung einen *χρυσόῤῥαπις*, ‚mit goldener Rute, goldenem Stabe‘ (*ῥαπίς*), wahrhaftig nicht deshalb, weil es einem beliebigen Dichter einmal eingefallen war, ihn aus freier Erfindung mit einem goldenen Stabe, etwa wie Horaz den Alcaeus in der Unterwelt mit goldenem Plektrum, zu beschenken.

Schon in der Odyssee[1] ist Chrysorrapis auf dem Wege, geradezu Bezeichnung des Gottes zu werden, was es später geworden ist.

Es kann nun nicht dem mindesten Zweifel unterworfen sein, daß diese goldene *ῥαπίς* dieselbe ist wie die *ῥάβδος*, welche im Hymnus auf Hermes Apollo dem Bruder schenkt[2], wie der spätere Caduceus, der Schlangenstab des Gottes, ja wie die schimmernde Geißel[3], welche Apollo ebenfalls dem Hermes einhändigt. Wir brauchen uns hier nicht im geringsten den Kopf darüber zu zerbechen, ob dies in der Anschauung des Dichters ein von jenem anderen verschiedenes Geschenk sein sollte oder nicht[4]; die alten Dichter verstehen den eigentlichen Sinn der Mythen oft selbst nicht mehr. Für den nach dem physischen Ursprunge forschenden Mythologen sind alle diese Gegenstände, ebenso wie das von Hephaistos verfertigte Scepter, ein und dasselbe. Und wenn Hermes auch einmal Chrysaor[5] heißt, so wundern wir uns darüber durchaus nicht, da wir längst überzeugt sind, daß die Mondsichel auch als goldener Krummsäbel am Himmel bezeichnet wurde, und daß die Gestalt des Chrysaor[6], wo sie in den Mythen erscheint, nirgends etwas anderes bedeutet. Ebensowenig

---

[1]) *Ἑρμείας χρυσόρραπις* 10, 277; 5, 87; *χρυσόρραπις ἀργεϊφόντης* 10, 331. — Im hymn. Hom. auf Hermes sagt v. 539 Apollo zu Hermes: *κασίγνητε χρυσόρραπι*; vgl. Bruchmann, Epith. Deor. — [2]) 529. — [3]) v. 497: *Ἑρμῇ δ'ἐγγυάλιξεν ἔχειν μάστιγα φαεινήν*; vgl. Indras goldene Peitsche, Indras Drchkpfe. S. 4. — [4]) Vgl. A. Gemoll, Die homerischen Hymnen. S. 251. — [5]) Schol. zu Il. 15, 256, *χρυσάορ* wohl statt *χρυσάωρ*, mit verkehrter Erklärung. Vgl. Zeus Chrysaor, Drchkpfe. 83; auch Demeter u. a. sind *χρυσάοροι* Verkehrt ist, was bei Pape steht: ‚daß ein kriegerisches Volk auch die Göttinnen mit einem Schwert schmückte, darf nicht auffallen‘. — [6]) Mythol. Br. 45; 100 A; Drchkpfe. 82.

wundern wir uns darüber, daß ihm hin und wieder die Sichel oder die Harpe in die Hand gegeben wird. Es ist die altbekannte mythische goldene, gewaltige, erdgeborene Sichel, die wir am Himmel sehen. Mit ihr tötet Hermes den Argos[1]; sie gibt er dem Perseus, um die Enthauptung der Medusa (des Mondhauptes) vorzunehmen[2]; sie führt Mercur auch auf italischen Abbildungen, doch wohl, weil sie ihm von alters her zukommt, nicht bloß wegen des für Rom wichtigen Getreidehandels[3]. Auch als Beil (Doppelaxt) kann derselbe himmlische Gegenstand bezeichnet werden. Mit dem Beile spaltet Hermes (oder Hephaistos) Zeus das Haupt, damit Athene herausspringen kann[4]. Wegen der Wichtigkeit dieses ganzen Komplexes von Gedanken oder Anschauungen ist es nötig, die für H. so bedeutsame Beigabe des goldenen Stabes noch genauer zu betrachten. Apollo sagt im Hymnus auf Hermes V. 529f.:

αὐτὰρ ἔπειτα
ὄλβου καὶ πλούτου δώσω περικαλλέα ῥάβδον,
χρυσείην, τριπέτηλον, ἀκήριον.

Beachten wir zunächst die Bezeichnung *ἀκήριον* ‚den Keren nicht unterworfen‘, d. h. unsterblich; (die Unsterblichkeit wird nämlich bei lunaren Wesen darum noch öfter als bei anderen göttlichen hervorgehoben, weil sie in sonderbarem Widerspruch zu ihrer ebenfalls nicht zu leugnenden Sterblichkeit steht); sodann die andere *τριπέτηλος* ‚dreisprossig‘ oder ‚dreiblättrig‘ oder ‚aus drei Zweigen bestehend‘[5]. In der ältesten, jedenfalls einfachsten Form wird der Stab abgebildet als Halbkreis (Mondsichel) mit einem in der Mitte

---

[1]) Ov. Met. I, 717: (Cyllenius) falcato nutantem (Argum) vulnerat ense. — [2]) Pr., Gr. M. I[3], 66 ([4] 397); vgl. Mythol. Br. 190. — [3]) So Steuding bei Ro., A. L. II, 2810. — Die Sichel oder Harpe kommt besonders Kronos *ἀγκυλομήτης* zu; aber auch Zeus, der mit der Sichel Kronos entmannt, den Typhon *ἀδαμαντίνῃ κατέπηξεν ἅρπῃ* (Apollod. 1, 63); mit goldener Sichel überwältigt nach Euripides Herakles die Hydra; Drachenkämpfe 90. — [4]) Pr. I[3], 150 A. 2 ([4], 189 A. 3).

[5]) S. Gemoll, Hom. Hymn. S. 251. — Der vedische Rudra (ursprünglich Mondgott) besitzt einen ‚dreiteiligen Pfeil‘, die ishus trikâṇḍa; vgl. Hillebr. Ved. Myth. II, 205 A. 1.

nach außen hin als Fortsetzung des Radius angefügten Strich[1], d. h. die goldene Mondsichel war als die Krücke oder der Griff des Stabes geschaut; den Stab selbst sieht man nicht, er wurde aber in der Einbildung hinzugedacht, gerade wie der Stiel zum Beile, wenn der Mond als solches angeschaut wurde. In anderen zusammengesetzten Formen sieht man oben diese halbmondförmige Krücke, darunter einen oder auch zwei Vollkreise über dem Stabe,

was mir eine Hindeutung auf die Form des vollen Mondes zu enthalten scheint; in einer merkwürdigen Darstellung erscheint er wie 3 sich berührende Kreise, von denen der rechts nicht ganz geschlossen ist, der links nur aus einem Bogenstück besteht[3], als sollten sowohl der abnehmende als auch der zunehmende neben dem vollen zur Darstellung kommen. Der Ausdruck *τριπέτηλος* hängt ohne Zweifel mit der so oft betonten Dreigestalt des Mondes, (dem Monde in seinen drei Hauptformen), zusammen. Ganz vortrefflich zu unserer Auffassung stimmt die allerdings aus späterer Zeit stammende Nachricht, daß des Hermes (Mercur) Stab an der Spitze golden, in der Mitte hell schimmernd, am Griffe pechschwarz sei[4].

An den dreigestaltigen Heroldstab knüpfen wir die Dreiköpfigkeit, Zweiköpfigkeit, Vierköpfigkeit (vielleicht auch Vielgestaltigkeit) des Gottes an. Es werden Bilder des Hermes *τρικέφαλος* und *τετρακέφαλος* erwähnt[5]. Bei dem tiefgelehrten, nichts erfindenden Lykophron heißt Hermes *Νωνακριάτης*, *τρικέφαλος*[6], *φαιδρὸς θεός* ‚der Gott

[1]) Preller, ‚Der Hermesstab' im Philologus I, 519: .

[2]) S. das Bild bei Ro., A. L. II, 1121 f.; vgl. I, 1351. — [3]) Gerhardt, Hermes auf griech. Vasen, Tafel IV, 1.

[4]) Steuding bei Ro., A. L. II, 2821 zitiert Remig. beim Mythogr. Vat. 3, 9, 4. — Über die Schlangen am Stab siehe unten am Schluß dieses ersten Teiles. — [5]) Phot. Lex. 15, 17 *Ἑρμῆς τρικέφαλος* und *τετρακέφαλος· ἐν Κεραμεικῷ Τελεσαρχίδου ἔργον.* — Mercure tricéphale sur les monuments découverts en Gaule (R. Mowat), vgl. Steuding S. 2380. — [6]) Dazu v. Holzinger, Kommentar S. 272: *Τρικέφαλος* ist ein Beiname des wegweisenden

von Nonakris (in Arkadien), der Dreiköpfige, Schimmernde'. Nicht so sicher ist, ob H. auch der ,Vielgestaltige' genannt wurde; Pausanias[1] überliefert den Beinamen πολύγιος, den der Gott bei den Trözeniern führte. Man hat das Wort = πολύγυος fassen und von γυῖον ,Gelenk, Glied' ableiten zu müssen geglaubt[2] und es als ,der Gelenkige' gedeutet. Es würde zunächst den Vielgliedrigen bedeuten, was merkwürdig zu dem Viçvarûpa[3] ,dem Allgestaltigen' stimmen würde, der den vedischen Indern ohne Frage überall der Mond ist. Ähnlich wird der Mondgott Dionysos gelegentlich μυριόμορφος genannt. Doch bleibt die Möglichkeit, daß überhaupt πολ-ύγιος abzutrennen ist, und daß mit dem H. ,voller Gesundheit'[4] der Heilgott H. bezeichnet wird.

Halten wir uns also zunächst nur an die Dreiköpfigkeit, durch welche das Mondnumen mit packender Deutlichkeit bezeichnet wird. Agni als Mond ist im Rig-Veda dreiköpfig[5] und siebenstrahlig. Der Sohn des Tvashṭar, ein von Indra besiegter Dämon, in dem ich den Mond erkenne, ist viçvárûpa ,allgestaltig', triçîrshán ,dreiköpfig' und saptáraçmi ,siebenstrahlig'[6]. Indra hieb ihm seine drei Häupter ab. (Triçiras[7] ,der Dreiköpfige' erscheint dann später als ein vom Sonnengotte Vischnu getöteter Asura und als ein von Râma getöteter Râkschasa.). Der lernäischen Hydra kommen zunächst nur drei Köpfe zu, daneben nach anderer Zählung der Mondhäupter (denn darauf bezieht sich die ganze Sage[8]) sieben[9] oder neun. In der Herausholung und Wiederhinab-

---

Hermes. Philochar. bei Harpocr. s. v. u. Suidas s. v. — Ἑρμῆς τρικέφαλος ist auch überlieferte Lesart bei Aristoph. fragm. 553 Kock. — [1]) 2, 31, 10: *Καὶ Ἑρμῆς ἐνταῦθά ἐστι Πολύγιος καλούμενος· πρὸς τούτῳ τῷ ἀγάλματι τὸ ῥόπαλον θεῖναί φασιν Ἡρακλέα.* — [2]) Roscher, H. d. Wg. 34. — [3]) Vgl. mein Programm Indras Drachenkampf im Rigveda (1905 No. 68) S. 9. — Der Gott Rudra im Rigveda. Arch. für Relig.-Wiss. I, 132 f. — [4]) So A. Döhring, Etymol. Beitr. S. 12 A. 5. — [5]) Rv. 1, 146, 1: trimûrdhấnam saptáraçmim . . . ámûnam agním ,den dreiköpfigen, siebenstrahligen (vgl. die 7 Strahlen des Helios! Ro., A. L. I, 2002. Pr., Gr. M. I², 334) . . . vollen Agni'. — [6]) Rv. 10, 8, 8. Vgl. Indras Drchkpf. 9. — [7]) P. W. und triçiras. — Auch Soma ist vielleicht dreiköpfig, Rv. 9, 73, 1; Hillebr., V. M. I, 392. — [8]) S. Drchkpfe 81 f. — [9]) S. Gilbert. Gr. Götterl. 193 A. 1. — Thor ist Zerschmetterer der neun Häupter des Thrivaldi ,des führung des dreiköpfigen Kerberos durch Herakles kann man m. E. einen Mondmythus nicht verkennen, so wenig wie in desselben Heros siegreichem Kampf mit dem dreileibigen Geryones und des Bellerophon Vernichtung der dreileibigen Chimaira. Auch Skylla hat 3 (oder 6) Köpfe. Die Dreiköpfigkeit ist nun besonders charakteristisch für Hekate. Daß sie ursprünglich Mondgöttin ist, wird jetzt wohl kaum noch jemand bezweifeln. Sie ist *τρίμορφος* ‚dreigestaltig' und *τριπρόσωπος* ‚mit drei Antlitzen versehen'; die triplex[1] Diana (diva triformis) wird ihr mit vollem Recht gleichgesetzt. Die zahlreichen Abbildungen der dreigestaltigen Hekate in der Kunst sind bekannt. Die Anordnung der drei Gestalten in den dreigestaltigen Statuen ist eine solche, daß ‚man beim Betrachten derselben links stets eine dem Gesichte des zunehmenden Mondes entsprechende Profilstellung, gerade vor sich die dem Vollmond ähnliche Enfacestellung, rechts das Profil des abnehmenden Mondes hat'[2]. —

Ein Triops[3] d. h. der ‚Dreigesichtige', Sohn bald des Poseidon bald des Helios und Vater der Iphimedeia, einer Geliebten des Poseidon[4], verrät seine Natur durch seinen

---

Dreigewaltigen' (vgl. Mythol. Br. 212). Ich erkenne in Thors, des nordischen Herakles, Kämpfen mit Riesen den uralten Kampf, dessen Abschluß die Vernichtung des Mondes bildet.

[1]) Zum Teil richtig, zum Teil aber auch irrig handelt O. Gilbert, Gr. Götterl. 307 von der Dreiteilung, welche, ‚man kann sagen, die gesamte Mondmythologie durchzieht'. Vgl. *Σελήνη τριφυής* Nonn. 6, 236; *Σελήνης τρία κύκλα* ib. 35. 34 (‚drei Räder hat der Wagen des Mondes' Vishṇupurâna 2, 12 [Hillebr. Ved. Myth. I, 291]); dreirädriger Wagen der Açvinen Rv. 10, 85. 14. Vâl. 10, 3; I, 34. 9; 12 [in dem ganzen Liede spielt die Dreizahl mit Bezug auf die Açvinen eine große Rolle!]; in einem Hymnus auf Diana heißt es: *νυκτιφάνεια τρίκτυπε τρίφθογγε τρικάρηνε τριώνυμε Μήνη θρινακίη τριπρόσωπε τριαύχενε καὶ τριοδῖτα*; und von Selene: *καλῶ σε, τρισπρόσωπε θεὰ, Μήνης ἐράσμιον φῶς, Ἑρμῆν τε καὶ Ἑκάτην ὁμοῦ*, (bei Wessely, Gr. Zauberpap. Denkschr. d. Wiener Akad. d. Wiss. XXXVI S. 30. 31). — [2]) Steuding bei Ro., A. L. I, 1890 — [3]) Die mythischen Namen auf —*οψ* haben wie die entsprechenden weiblichen auf —*οπη* (s. Drchkpfe. 74 A. 1) fast alle solare oder lunare Bedeutung: *πάνοψ* (der allsehende Hermes), *πάνωψ*, *Πανοπεύς*, *ἔποψ* (Epopeus = Helios ‚der Überschauer'), Pelops (Vollantlitz), Kyklops, Kekrops, Charops Merops u. a. m. — [4]) Apollod. I, 7, 4.

Namen und seine Verwandtschaft. — Der uralte italische Dämon Cacus ist mit Caca zusammen das alte bekannte Götterpaar (mit wechselnden Rollen); auch er erscheint als dreiköpfig[1]. —

Der einst in Stettin verehrte Götze Triglaff wird eine Form des überall verehrten mächtigen Mondgottes gewesen sein. Er wurde mit drei Ziegenköpfen dargestellt[2]. —

Wenn die Dreiköpfigkeit die drei Hauptphasen des zunehmenden, vollen und abnehmenden Mondes ausdrücken soll, so ist bei seiner Zweiköpfigkeit nur das nach Osten gerichtete Gesicht des zunehmenden und das nach Westen blickende des abnehmenden bezeichnet. Welche Auffassung man bevorzugen wollte, hing ganz vom jedesmaligen Belieben ab. Daher ist es nicht wunderbar, daß auch Kerberos manchen als zweiköpfig[3] galt; ebenso ist der Hund Orthros[4] zweiköpfig. Auch Argos Panoptes erscheint auf Abbildungen zweigesichtig mit Sternengewand[5]. Bei den Indern gibt es einen Asura Dvimûrdhan[6] ‚Zweikopf' neben dem oben erwähnten Triçiras und Trimûrdhan. Am wichtigsten aber ist Janus bifrons. Janus' Mondnatur scheint mir völlig klar[7]. Der Doppelkopf auf etruskischen Münzen[8] bedeutet gewiß einen etruskischen Mondgott, ohne daß wir ihn geradezu mit dem Namen Janus zu bezeichnen brauchen[9]. Diesem zweigesichtigen Mondgott ist nun der Ἑρμῆς δικέφαλος durchaus zur Seite zu setzen. Es gab eine solche Statue des

---

[1]) Propert. V, 9, 9 f.: Incola Cacus erat, metuendo raptor ab antro, Per tria partitos qui dabat ora focos. — [2]) Roskoff, Geschichte des Teufels I, 172. Über die Ziege als eine Form des Mondes s. Drachkpfe. 30 (vgl. Pan als *Αἰγίπαν*). — [3]) S. O. Gilbert, Gr. Götterl. 210, 1. — [4]) Pr., Gr. M. I², 203. — [5]) Göll, Mythol., 8. Aufl., herausgeg. von G. H., S. 50. — [6]) P. W. s. v. — [7]) S. oben S. 12 A. 5. Ich will doch noch einiges kurz hervorheben: Stab sein Attribut, wie bei Hermes; ebenso der Schlüssel wie bei Hekate; steht als Consevius der Zeugung und Empfängnis vor; ist duonus cerus d. h. creator bonus; König auf dem Janiculum (im Westen); iani sind (mondförmige?) Bögen, die über die Straße gespannt waren; Janus = Dianus (fem. Diana). — [8]) Wissowa, Rel. u. Kult. d. Röm. 94.

[9]) Wissowas Annahme (Rel. u. Kult. d. Röm. 93), daß die runde Form der Münze (das As der ältesten römischen Kupferprägung) den Anlaß gegeben habe, eben einen Kopf (nicht eine ganze Gestalt) zu bilden, „daß der Doppelkopf als Bild des Janus überhaupt zuerst für die Münzen

Skopas[1]; διπρόσωπος ist er bei Jo. Tzetzes[2]. Daneben ist er auch τετρακέφαλος[3], die Dreiköpfigkeit dürfte jedoch das ursprünglichere sein; mit ihr mag wohl die Darbringung dreizackig geformter Kuchen als Opfergabe für H. zusammengehangen haben[4].

Die Griechen machten sich von monströsen Götterbildungen immer mehr frei und strebten nach ideal-schöner Vermenschlichung. Um so bedeutsamer ist es, daß die Hermen so lange die Gestalt als bloßen Kopf zeigten; denn das ist der Mond eben, die übrige Gestalt muß man sich hinzudenken; er ist zunächst nichts als ein runder Körper, daher wird er στρογγύλος ‚rund' in dem oben[5] angeführten Hymnus genannt. Daß eine solche Darstellung vor allem dem H. zukam, dafür ist das ein sprachlicher Grund, daß später jeder Kopf, der in einen viereckigen Fußpfeiler oder in eine Säule auslief, Herme hieß. Der Hermes-Kopf trägt nun in ältester Zeit gewöhnlich einen starken spitzen Bart; der Gott ist σφηνοπώγων d. h. mit einem Keilbart (σφήν) versehen. Man sehe sich die Zeichnung des ersten und letzten Mondviertels in unsern Kalendern an, und man wird den Grund begreifen[6]. Dem Namen des Königs Drosselbart im Märchen liegt dieselbe Anschauung zugrunde. Seit der homerischen Schilderung des Gottes als eines Jünglings, dem das erste Barthaar keimt[7], ist aber das veränderte

---

geschaffen worden" sei, ist eine ganz willkürliche Annahme. Die Alten haben sich doch sonst nicht gescheut, alle möglichen Gestalten auf Münzen abzubilden. Janus ist eben als Mond wesentlich nur ein Kopf, ebenso wie Hermes, dessen Bilder daher eben teilweise nur Hermen sind. — [1]) Plin, N. H. XXXVI, 28; Wissowa a. a. O. 94. — [2]) Alleg. Hom. X, 80; Buchmann, Epith. Deor. — [3]) S. Bruchm. a. a. O.

[4]) Gerh., Herm. auf griech. Vas. t. III, 2. V, I (Mehlis 121). — In Rom hießen ‚gewisse in Gestalt eines Rades geformte Kuchen summanalia' (Wissowa, Rel. d. Röm. 224), nach Juppiter Summanus, dem ‚Gott des nächtlichen Himmels', wie Wissowa (a. a. O. u. S. 107) sagt; sie legen Zeugnis für die Mondbeziehungen dieses ‚nächtlichen Gottes' ab. — [5]) S. 11 V. 2. — [6]) ‚In den (mexikanischen) Bilderschriften erscheint der Mondgott als ein alter Mann, und es hat mich schon oft frappiert, wie der Schnitt des Bartes Quetzalcouatls dem des Mondgottes entspricht'. Ed. Seler in der Ztschr. f. Ethnol. 1907. S. 81. — [7]) Od. 10, 27 f.;

νεηνίῃ ἀνδρὶ ἐοικώς,
πρῶτον ὑπηνήτῃ, τοῦ περ χαριεστάτη ἥβη.

Bild im ganzen in der Anschauung der Späteren fest geblieben. —

Aus der Gewohnheit, H. die Zunge der Opfertiere zu opfern[1], läßt sich vielleicht schließen, daß er ursprünglich auch als Zunge geschaut wurde; denn das ist beim Monde tatsächlich oft der Fall gewesen, daher das Ausreißen der Zunge in vielen Mondmythen eine bedeutsame Rolle spielt[2]. Daß jene Sitte des Zungeopferns διὰ τὴν ἑρμηνείαν entstanden sei, ist schwer glaublich. —

Dem Gotte kommt bekanntlich ein (kreisrunder) Hut als Kopfbedeckung zu, der πέτασος, der m. E. eine Anspielung auf den Vollmond darstellt; daneben aber hat er auch oft einen Spitzhut, eine spitz zulaufende Kappe, den πῖλος, den auch Odysseus, der heroisierte H., trägt[3]; man könnte dies, ohne sich lächerlich zu machen, auf die Form des Mondes bald vor oder nach dem Vollmonde beziehen; ferner kommt ihm der (unsichtbar machende) Helm des Aïdes[4] zu, die Tarnkappe, die den Mond als Neumond verhüllt. Die gleiche Ausstattung des germanischen Wuotan (Odhin) mit dem breitkrämpigen Reisehut ist vielleicht sehr alt und war wohl mit der Hauptgrund dafür, daß die Alten ihn dem Hermes gleichsetzten[5]. Diese Ausstattung geht möglicherweise in die indogermanische Urzeit zurück. Wir haben nun schon die hochinteressante, freilich spätere Nachricht mitgeteilt, daß des Hermes Kopfbedeckung halb weiß und halb schwarz war[6]. Die Verwunderung über die zwei Farben, die uns der Mond zeigt, sei es weiß und schwarz, oder rot und

[1]) S. Ro., H. d. Wg. 29. — [2]) S. Drchkpfe. 68 A. 4. — [3]) Vgl. Mehlis 116. 117 (Gerh., H. auf gr. V. t. I, 3; IV, 2; II, 1. 2. 4; II, 2) u. a. m. — Odysseus ‚Hypostase‘ des Hermes, Gilbert, Gr. Götterl. 431 A. 1. — [4]) Er trägt ihn im Gigantenkampfe, Apoll. 1, 6, 2, 5. — [5]) Wuotan = lat. vadens ‚der (über den Himmel) schreitende‘, also Wanderer wie Hermes. Er wird eine ähnliche Entwicklung wie Thor genommen haben; zunächst Mondgott, (im höchsten Altertum der mächtigste Gott), wird er Züge des Sonnengottes in sich aufgenommen, dann zum Himmelsgott (vgl. seine 2 Augen, das verpfändete [Mond] und unverpfändete [Sonne], seinen blauen Mantel usw.) erhoben, schließlich mehr und mehr ethisiert worden sein. — [6]) S. S. 48 und 57: ‚De albis vero nigra et de nigris alba faciebat, quod ostenditur per eius pileum semialbum et seminigrum.

schwarz, oder golden und schwarz (für schwarz tritt auch zuweilen blau, d. h. blauschwarz ein) muß im hohen Altertum und überall eine sehr große gewesen sein, und die Mythologien verschiedener Völker schwelgen gewissermaßen in der Hervorhebung dieses Verhältnisses; sie können sich nicht darin genug tun, es immer wieder durch die verschiedensten Bilder und Vergleiche zu illustrieren. Bei dem späten Albericus läßt sich diese erst durch die vergleichende Mythologie gewonnene und durch die moderne Ethnologie bestätigte Kenntnis nicht voraussetzen; die merkwürdigen Worte können nicht als eine Erfindung von ihm aufgefaßt werden sondern beanspruchen tatsächlichen Wert. Bei der großen Wichtigkeit gerade dieses Punktes muß ich aus der Fülle der vorhandenen Beispiele noch einige vorführen.

Der indische Gott Rudra, dessen Mondursprung ich nachgewiesen zu haben glaube, der sonst der weißglänzende Stier oder rot, rötlich, gelbrötlich, goldarmig usw. heißt, wird doch auch nîlagrîva ‚blaunackig' oder ‚schwarzhalsig' genannt[1]; ebenso ist Brihaspati, den auch Hillebrandt für einen Mondgott erklärt, nîlapṛishtha[2] ‚dessen Rücken dunkel (schwarzblau) ist. Mit Recht auf die webende Mondgöttin bezieht Frobenius[3] die Worte aus dem Gesange eines indischen Brahmanenschülers: ‚Hier in der Unterwelt sind zwei jugendliche Mädchen, Tuch webend jeglicher Art, die da ewig hervorbringen weißes und schwarzes Tuch, immer wieder zum Dasein führend die Welten und was sie bewohnt'. Der persische Held Rustam besiegt einen ‚weißen' Unhold (le Div blanc), der aber nichtsdestoweniger schwarz ist[4]. Der ägyptische Apisstier war schwarz mit weißen Mondflecken[5]. In Griechenland gab es eine schwarze Demeter und einen Herakles melampygos; man erzählte vom Kampfe eines mythischen ‚Schwarzen' mit einem mythischen ‚Blonden' (Melanthos und Xanthos)[6]. Unter den Theseussagen gilt die vom Befreiungszuge nach Kreta als die älteste[7]. Die alle neun Jahre erfolgende Sendung von sieben Knaben

---

[1]) ‚Rudra im Rig-Veda' Arch. f. Rel.-Wiss. I, 251. — [2]) Rv. 5. 43, 12. — [3]) Zeitalter des Sonneng. 354. — [4]) Mythol. Br. 132. — [5]) Drchkpfe. 72 A. 2. — [6]) Drchkpfe. 12 A. 1. — [7]) Pr., Gr. M. II[3], 293.

und sieben Mädchen nach Kreta, die Gestalten des Minos, des Minotauros u. a. m. deuten auf verbundene Mondmythen. Der die erst geliebte Gattin treulos verlassende Gatte (Theseus die Ariadne auf Naxos) ist eine typische Gestalt der Mondsagen. Somit ist die Bedeutung des alten Zuges der Sage klar, wonach Theseus das Schiff mit den schwarzen Segeln besteigt, die er bei glücklicher Rückkehr mit weißen[1] Segeln vertauschen soll; er vergißt das aber, (man muß sich als Zusatz der Sage denken, daß er in Kreta weiße Segel gehabt hat), und kehrt doch wieder mit schwarzen Segeln zurück; nach der zugrunde liegenden Naturanschauung war es eben nicht anders möglich. Darnach stürzt sich sein Vater Aigeus von dem Felsen, von welchem er nach Theseus ausschaute (oder von der Akropolis) herab, ebenfalls, wie schon oben[2] bemerkt, ein bekannter Zug. — Ebenfalls hierher gehört die Sage von der Verwandlung eines weißen Vogels in einen Raben[3] durch Apollo. —

Auf germanischem Boden begegnen wir dem Hahn Gullinkambi (Goldkamm), der[4] die Männer in Heervaters Hause weckt und dem mit ihm zusammen genannten rußroten[5] Hahn, der in den Sälen der Hel kräht. Der Hahn Vidofnir[6] ist vom Golde glänzend und doch schwarz. In ihm hat schon J. G. von Hahn[7] den Mond erkannt. Die Schwanzfeder, ‚die leuchtende Sichel‘, muß Vidofnir ausgerissen werden, um ihn zu töten. In den Sagen ‚von der weißen Frau‘ erscheint diese bei der unternommenen Erlösung aus der Gefangenschaft mehrfach ganz schwarz, sie wechselt, je näher der Erlösende seinem Ziele zuschreitet, immer mehr die Farbe, bis sie endlich im Augenblicke des Gelingens ganz weiß erscheint[8]. Überhaupt ‚erscheinen in unzähligen deutschen Sagen verwünschte, Erlösung suchende Jungfrauen . . ., die der Gerda, der Idun gleichen, halb schwarz, halb weiß‘[9].

---

[1]) Nach Simonides b. Plut. Thes. 17 war es ein scharlachrotes (*φοινίκεον ἱστίον ὑγρῷ πεφυρμένον πρίνου ἄνθει ἐριθάλλου*). — [2]) S. 51 A. 9. — [3]) Ov. Met. 2, 534 f.; 632. Drchkpfe. 7 A. — [4]) Nach Vol. 28 Müllenh, (33). — [5]) sótrauthr. — [6]) Fjölsv. 30. — [7]) Mythol. Parallelen. Jena 1859 S. 162. — [8]) Mythol. Br. 116 A. 1. — [9]) Karl Simrock, Handbuch d. dtschen Mythol. ([3] 1869) S. 304. (§ 96 Mitte).

Oft ist die Gestalt, hinter der sich der Mond birgt, in zwei Personen zerlegt; so im Märchen von der weißen und der schwarzen Braut, von denen die erste wünschte, ‚so schön und rein zu werden wie die Sonne, was denn auch geschah; die schwarze Stiefschwester wird an ihre Stelle gesetzt[1]. Aus Frau Holles Brunnen steigt bald ‚unsere goldene (Spinn-) Jungfrau' bald eine ‚mit Pech geschwärzte Jungfrau empor[2]. Ebenso wird die Gestalt in manchen Märchen entweder in eine Mohrin verwandelt oder es wird eine Mohrin bezw. ein Mohr untergeschoben[3]. In dem Märchen[4] ‚La chatte blanche' erscheint die Heldin, die weiße Katze Blanchette, schwarz verschleiert; sie wird schließlich in ein schönes Mädchen verwandelt, wie die Sonne schön, (qui parut comme le soleil). — Bei den Slaven ist Perun bald als weiß, bald als schwarz gefaßt; dasselbe Wesen tritt bei einem Stamm als Bjelbog, bei dem andern als Czernybog auf[5]. In einem ungarischen Märchen baumelt am Sattelbogen des milchweißhaarigen, schwarzmähnigen Rosses des Mondes der lichte Mond[6]. Man vergleiche damit die schwarzen Haare Sneewitchens, die ja weiß wie Schnee, rot wie Blut und schwarz wie Ebenholz war. Auch an die schwarze mit Mehl bestreute Pfote des Wolfes in dem Märchen von den sieben Geislein darf erinnert werden. Im Märchen ‚Allerleirauh' macht sich die Königstochter, die das Sternenkleid trägt, Gesicht und Hände mit Ruß schwarz. —

Am augenfälligsten aber tritt uns die Zweifarbigkeit oder Halbierung (durch Farben) in amerikanischen Mondmythen entgegen, worüber ich auf die Abhandlung von Ed. Seler ‚Einiges über die natürlichen Grundlagen mexikanischer Mythen' in der Zeitschrift für Ethnologie[7] verweise. Wir ersehen da, wie der ‚in der Nacht wandelnde' Gott Tezcatlipoca, ‚das Auge der Nacht'[8] (Mondgott), in den

[1]) Vgl. meine ‚Liebesgesch. d. Himmels' S. 7 ff. — [2]) Mythol. Br. 113. — [3]) Vgl. Benfey, Pantschatantra I, 48; Basile, Pentamer. No. 49 u. No. 19. — [4]) Mythol. Br. 144. — [5]) G. Roskoff, Gesch. des Teufels (Lpz. 1869). I, 169. [6]) Drexler bei Ro., A. L. II, 2759. — [7]) Jahrg. 1907 S. 1—41. — [8]) S. 10 u.

schwarzen und in den roten Ballspieler[1] zerlegt ist; wie die Pulquegötter[2] sich als Mondwesen einerseits dadurch unverkennbar kundgeben, daß sie als kennzeichnenden Schmuck den goldenen Halbmond in der Nase tragen, andererseits dadurch, daß sie als Kaninchen d. h. als das Tier, dessen Bild die Mexikaner im Monde sahen, bezeichnet werden, und ‚daß sie halb schwarz, halb rot, also gewissermaßen halbiert gemalt sind'. — Von einer andern Göttin (Teteo innan ‚Mutter der Götter' und Toci ‚unsere Großmutter' genannt) heißt es: ‚Diese Göttin ist im Codex Borgia durch das Bild des Mondes, das an verschiedenen Stellen neben ihr angegeben wird, gekennzeichnet. Und ihr Kleiderschmuck weist dieselben zwei Farben, schwarz und rot — die „halbierte" Bemalung — und den goldenen Halbmond auf'[3]. Auch ein Gott Xipe, der auch den goldenen Halbmond in der Nase trägt und deshalb als Mondgott anzusehen ist, ist zweifarbig „halbiert" gemalt, diesmal allerdings weiß und rot, für welchen Unterschied Seler eine ansprechende Erklärung gibt. ‚Diese Zweifarbigkeit[4], das Nebeneinander von Schwarz und Rot ist die typische Besonderheit in der Bemalung des Gesichtes und der Trachtabzeichen' der Mondgottheiten. —

Wie seltsam muß uns nach diesen Anführungen die Parallele berühren, daß des Gottes Hermes Hut halb schwarz und halb weiß war, daß er[5] bald mit schwarzem bald mit goldnem Antlitz vorgestellt wurde, daß sein Stab, wie schon oben angegeben, an der Spitze golden, in der Mitte hellschimmernd, am Griffe pechschwarz war. Gewiß hängt mit der Mondnatur des Gottes Hermes auch die merkwürdige Beschaffenheit des Krautes *μῶλυ* zusammen, welches er dem Odysseus gab:

---

32. Er ist der Dunkle, Nächtige, der Zauberer, der in der Nacht sein Wesen hat (E. Seler, Codex-Borgia. Berl. 1904 I, 146); sein Brustschmuck ist ein weißer Ring und ein Auge (152); von den zwei Formen, der schwarzen und der roten, scheint die schwarze die Hauptform gewesen zu sein (148). — [1]) S. 2. (Blatt 21 des Codex Borgia.) — [2]) S 10.. — [3]) S. 11. — [4]) 18. — [5]) d. h. Mercur. Apul. Met. 11, 11 S. 777; vgl. Steuding in Ro., A. L. II, 2821, welcher als Grund die Rücksicht auf den Wechsel seines Aufenthaltes zwischen Ober- und Unterwelt annimmt.

ῥίζῃ μὲν μέλαν ἔσκε, γάλακτι δὲ εἴκελον ἄνθος[1]. Es ist wohl nicht zweifelhaft, daß dieses Zauberkraut rein mythisch ist, und daß man von den Botanikern keine genaue Angabe darüber verlangen darf, obwohl manche Erklärer eine bestimmte, wirklich existierende Pflanze[2] in dem Moly erkennen wollen. —

Obwohl also das schwarze Antlitz für Hermes nachweisbar ist, so war er doch am häufigsten in der Anschauung ein glänzend schimmernder (*φαιδρός*[3]) und ein weißer; es wird ausdrücklich angegeben, daß bei den Böotiern ein *Ἑρμῆς Λευκός*[3] verehrt wurde. —

Wir kommen zu dem Sternenchiton des Gottes, mit dem er auf alten Abbildungen[4] erscheint; er ist dadurch, was nach seinem Ursprunge nicht auffallen kann, als ein *ἀστέριος* charakterisiert. Ein Sternengewand kommt dem Monde zu. Das zeigen u. a. die litauischen und lettischen Lieder, deren Anschauungen zum Teil so altertümlich sind wie ihre Sprache. ‚Wo läufst du hin, Mondchen, mit dem Sternenmäntelchen?' heißt es in einem lettischen Liede[5]; und in einem anderen sagt der Mond: ‚Selbst hatte ich ein graues Rößchen, Eine Sternendecke auf dem Rücken'[6]. —

Aus keinem anderen Grunde also, als weil er der bei Nacht erscheinende Mond ist, heißt Hermes *νύχιος*[7] und *ἔννυχος*[8], und wird schön und treffend angeredet *μελαίνης νυκτὸς ἑταῖρε*[9] ‚du Genosse der dunklen Nacht'. Paßt ein solcher Ausdruck, frage ich, für einen Windgott? Ich glaube nicht. Wie richtig sagt dagegen Klopstock: ‚Willkommen,

---

[1]) Od. 10, 304. Vgl. Ov. Met. 14, 291: Pacifer huic dederat florem Cyllenius album: Moly vocant superi: nigra radice tenetur. — [2]) Schol.: *τὸ ἄγριον πήγανον*; Holzinger Komm. zu Lykophr. Al. 679; Gierig zur Ovidstelle. — [3]) Lykophr. 680 s. oben S. 67; dazu Tzetzes: *καὶ γὰρ παρὰ Βοιωτοῖς Ἑρμῆς Λευκὸς τιμᾶται· πολεμούμενοι γὰρ Ταναγραῖοι ὑπὸ Ἐρετριέων ἐσφαγίασαν παῖδα καὶ κόρην κατὰ χρησμὸν κἀντεῦθεν ἱδρύσαντο Λευκὸν Ἑρμῆν.* — [4]) Vgl. Monum. ined publ. d. instit. di corresp. arch. 1864—68. Vol. VIII Tav. 24 (Nascita di Minerva: Hermes, durch Stab und Hut kenntlich, hat auf dem Rock neun Sterne; vgl. Ro., A. L. I, 2408; II, 1267 f. — [5]) W. Mannhardt in der Ztschr. f. Ethnol. VII, 80, No. 47. 48. — [6]) S. 82, No. 78 (vgl. Drexler bei Ro., A. L. II, 2758). — [7]) Aesch. Cho. 727. — [8]) Hymn. Hom. II, 284. — [9]) Ebd. 290.

o silberner Mond, Schöner, stiller Gefährte der Nacht'. Der Dichter des Messias hat schwerlich Kenntnis von einer Auffassung gehabt, wonach Hermes = Mond wäre; seine Worte sind Ausfluß einfacher Naturanschauung und Naturempfindung. Hätte man sich von solcher doch auch bei der Mythenerklärung mehr leiten lassen! Der haarsträubende Unsinn vom Windgott Hermes wäre nie aufgekommen. —

Sonne und Mond sind von jeher als die Augen des Himmels bezeichnet worden. Die zahlreichen Beispiele, die sich davon bei Ägyptern, Indern, Griechen, Germanen und Slaven finden, sind oft zusammengestellt [1] worden; die Anschauung war allgemein und überall verbreitet. Der Mond insbesondere heißt bei den Dichtern *νυκτὸς ὀφθαλμός* [2], *νυκτὸς ὄμμα* [3], auch *ἑσπέρας ὀφθαλμός* [4], *ἔννυχον ὄμμα* [5]. Ganz ordnungsmäßig nennt also der oben [6] angeführte Zauberhymnus, der die physikalische Grundbedeutung des Hermes richtig zum Ausdruck bringt, (wie ich glaube, nicht infolge mystischer Spekulation, sondern weil sich die Kenntnis von der wahren Natur des Gottes, wenn auch vielen Gelehrten unbemerkt, erhalten hatte,) den H. geradezu *κόσμου τ' ὀφθαλμὲ μέγιστε* [7]. Auch der mexikanische Mondgott Tezcatlipoca [8] heißt, wie wir oben gesehen haben, ‚das Auge der Nacht'.

Aus keinem andern Grunde nun ist H. schon bei Homer der *εὔσκοπος* (*Ἀργειφόντης*) d. h. (alles) gut erschauend; da er stehend so heißt, so erkennt man, daß es ein mit der Natur des Gottes zusammenhängendes und zwar altes Beiwort ist; dasselbe würde für einen Wind gar keinen Sinn geben und ist nicht etwa deshalb gewählt, ‚weil die Diebe' in der Regel ein scharfes Gesicht haben [9], was keineswegs ausgemacht ist. Von der hohen Warte des Himmels aus überschauen Sonne und Mond die Welt und alles, was darin geschieht; das ist notwendige und uralte Anschauung. Daher ist Selene *σκοπός*, *πανόπτης*, *πανδερκής*, *πανεπίσκοπος* und Phoibe

[1]) Vgl. meinen Aufsatz über Rudra im Rigv., Arch. f. Rel.-Wiss. I, 234 A.; Indras Drachenkampf 5; Hillebr. Ved. Myth I, 225 f.; 296. 459; Ro., A. L. II, 3181. — [2]) Aesch. Sept. 390. — [3]) Aesch. Pers. 428. — [4]) Pind. Ol. 3, 18. — [5]) Nonn. 9, 67. — [6]) S. 11. — [7]) V. 6. — [8]) Oben S. 75. — [9]) So Ro. H. d. Wg. 48.

εὔσκοπος [1]; Helios πανόπτης, πανδερκής, Epops, Epopeus (vgl. oben [2] den Zeus Ἐπόψιος), εὐρυόπα [3]. In Sikyon hieß Demeter Ἐπωπίς (Ἐπωπία) [4] ,die Überschauende' ,Weitschauende'. Deshalb ist Hermes πάνοψ [5] d. h. ,Allseher' und νυκτὸς ὀπωπητήρ [6] ,Späher der Nacht' und ἐπίσκοπος [7].

Andere Beiwörter wie ἀγλαός (= λαμπρός), διαυγής (Ἑρμάωνι διαυγέι γείτονι Μήνης Nonn. D. 5, 74), εὐφεγγής, φαεσφόρος [7] werden nunmehr als für H. höchst passend erachtet werden. Bei Plutarch [8] erscheint H. im Monde, wie Herakles in der Sonne.

Es gibt nun noch andere Beiwörter sowohl wie Beigaben des Gottes, bei denen man zweifeln kann, ob sie unmittelbar auf H.'s Mondnatur zurückzuführen oder zu seiner schon mehr ethisch entwickelten Gestalt in Beziehung zu setzen sind. Wenn H. als Diskobol [9] dargestellt wurde, so könnte ja möglicherweise der Grund einzig und allein darin zu suchen sein, daß H. später Gott der Gymnastik und Agonistik geworden ist. Man stattete, so ließe sich denken, den Gott mit dem Rüstzeug der Ringschule aus. Die Möglichkeit läßt sich nicht bestreiten. Allein auf welchem Wege, so kann man fragen, ist H. zu dieser Rolle gekommen? Ich meine, weil er als Götterbote, der des Zeus Befehle hurtig ausführt und als Mondgott so schnell die Welt durcheilt, sich durch Gewandtheit und Schnelligkeit auszeichnet. Als solcher wird er körperlichen Übungen der Menschen hold sein; den Diskus aber hat er, weil er selber (als Vollmond) ein runder Diskus ist, (er ist στρογγύλος).

Die meisten Sachbeigaben der Götter sind nachweislich auf ähnliche Weise entstanden: Ceres' Sichel, Aphrodites Apfel, Thors Hammer usw. Eine sehr interessante Parallele zu Hs' Tätigkeit als Diskoswerfer bietet wieder die Mythologie der Mexikaner, in der der schwarze und der rote Tezcatlipoca, der, wie wir oben gesehen haben, ein Mond-

---

[1]) Ro., A. L. II, 3138. — [2]) S. 34. — [3]) Rapp bei Ro. I, 2020. — [4]) Pr., Gr. M. I⁴, 750 A. — [5]) Inscr. 4, 7613 (Mehlis 97). — [6]) Hymn. Hom. 65. — [7]) Bruchm. Epith. Deor. — [8]) Is. Os. 34. — [9]) Müller, Hdbch. d. Arch. § 380, 7; Ro. H. d. Wg. 37.

gott ist, als Ballspieler erscheint[1]. ‚Es liegt nun nahe anzunehmen, daß man die beiden großen Lichtkörper, Sonne und Mond, als Kugeln angesehen und ihre Bewegung über den Himmel mit dem Fliegen des Gummiballs über den Ballspielplatz verglichen habe‘[2]. Dem Ballspiele wurde deshalb von den alten Mexikanern und den andern Stämmen Mittelamerikas eine besondere mythische Bedeutung beigelegt[2]. Auch als Federbälle oder aus Federn bestehend wurden Sonne und Mond gedacht[3]. ‚Eine primitivere Anschauung der gleichen Art ist die der Australier, daß beide Bälle von Leuten im Osten aufgeworfen und von solchen im Westen aufgefangen werden‘[3]. — Angesichts dieser durch die vergleichende Mythologie oder Ethnologie an die Hand gegebenen Tatsachen erscheint es geraten, auch Hs' Tätigkeit als Diskoswerfers unmittelbar an seine Wesenheit als die eines himmlischen Diskus anzuknüpfen. Zu vergleichen ist auch der Schleifstein oder Wetzstein (hein) des Riesen Hrungnir, mit dem Thor einen Zweikampf zu bestehen hat. Der Wetzstein brach dabei entzwei; die eine Hälfte fiel zur Erde[4].

Bei der H. als Attribut zukommenden Striegel (*στλεγγίς*[5]) nehme ich eher jungen Ursprung an; als H. Gott der Gymnastik und Agonistik geworden war, da gab man ihm entweder ohne tiefere Naturanschauung die Striegel des Epheben in die Hand oder man sah jetzt (bezw. wollte sehen) in seinem alten Werkzeuge (der Harpe und dem Stabe) auch eine Striegel; die Beweglichkeit der Phantasie gestattete so etwas ohne Frage leicht.

Anders verhält es sich jedoch mit der Darstellung des Gottes als Phallos, denn in dieser Gestalt wurde H. im uralten Kult von Elis und Arkadien, wo die Stätte seiner Geburt angenommen wurde, verehrt. Die alten Hermenbilder führten

[1]) Seler a. a. O. S. 2. — [2]) Ebd. S. 4. — [3]) Vgl. P. Ehrenreich, Myth. u. Leg. d. südamer. Urvölker S. 34. — [4]) Vgl. Myth. Br. 91; 227. — [5]) „Auf einer att. Münze bei Beulé p. 362. Mit der Striegel sollte er als *πρόμαχος* Tanagra gerettet haben“ (Ro. H. d. Wg. 37 A. 146). Paus. 9, 22, 2: *Τὸν δὲ Ἑρμῆν λέγουσι τὸν Πρόμαχον Ἐρετριέων ναυσὶν ἐξ Εὐβοίας ἐς τὴν Ταναγραίαν σχόντων τούς τε ἐφήβους ἐξαγαγεῖν ἐπὶ τὴν μάχην, καὶ αὐτὸν ἅτε ἔφηβον στλεγγίδι ἀμυνόμενον μάλιστα ἐργάσασθαι τῶν Εὐβοέων τροπήν.*

ihn zum Teil mit riesiger Deutlichkeit. Der Phallos wurde geradezu mit dem Gotte identifiziert[1]. Nach Herodot ist diese Form pelasgisch, also uralt. Man könnte nun glauben, daß sie dem Gott von einer klügelnden Symbolik ohne irgendwelche zugrunde liegende Anschauung gegeben worden sei, nachdem man auf anderem Wege zu dem Glauben gekommen war, daß H. ein zeugnerischer und befruchtender Gott sei. Da habe man ihn zunächst ithyphallisch gebildet, darauf geradezu als Phallos. Wäre dieser Entwickelungsgang wirklich anzunehmen, dann würden wir hier in der Tat mit einem Symbol zu tun haben, d. h. mit einer ausgeklügelten Form zur Andeutung eines damit in engerer oder loserer Verbindung stehenden Gedankens. Derartige Symbole hat das höhere Altertum aber ganz und gar nicht gekannt. Es ist vielmehr anzunehmen, daß, wie man in der schmalsten Form des Mondes Kuhhörner, ein Ziegenhorn, ein krummes Messer, einen Stab, eine Schlange, einen Zahn, Arm, Fuß, Schnabelschuh, ein Boot und Gott weiß was sonst noch alles schaute, so auch das aufgerichtete Glied des durch den Himmelsraum eilenden Götterboten sah. Natürlich trug zu dieser Annahme die für zutreffend gehaltene Beobachtung bei, die man eben überall in der Welt zu machen glaubte, daß der Mond Befruchter aller Kreaturen, der eigentliche Erzeuger aller Tiere und aller Menschen sei. Wir wissen, daß dieser überall verbreitete Glaube mit dem angenommenen Einfluß des Mondes auf die Menstruation und die Schwangerschaft zusammenhängt[2].

[1]) Herod. 2, 51: *τοῦ δὲ Ἑρμέω τὰ ἀγάλματα ὀρθὰ ἔχειν τὰ αἰδοῖα ποιεῦντες οὐκ ἀπ' Αἰγυπτίων μεμαθήκασιν, ἀλλ' ἀπὸ Πελασγῶν πρῶτοι μὲν Ἑλλήνων ἁπάντων Ἀθηναῖοι παραλαβόντες, παρὰ δὲ τούτων ἄλλοι.* — Paus. 6, 26, 3: (*ἐν Κυλλήνῃ*) *τοῦ Ἑρμοῦ δὲ τὸ ἄγαλμα, ὃν ταύτῃ περισσῶς σέβουσιν, ὀρθόν ἐστιν αἰδοῖον ἐπὶ τοῦ βάθρου.* – S. Ro. H. d. Wg. 75 und A. L. II, 2392.

[2]) ‚Diese Ideen, aus unmittelbarer Naturanschauung hervorgegangen und auf naheliegende Assoziationen gegründet, kommen in den Mythen aller Völker zum Ausdruck, sind also den allgemein menschlichen Elementargedanken beizuzählen'. P. Ehrenreich, Myth. u. Leg. der südamer. Urvölker 43. — Bei den Indern ist der Mond Samenträger (retodhâ), verleiht Fruchtbarkeit, bringt Samen, der Nachkommenschaft zeugt; vgl. Hillebr. Ved. Myth. I, 359.

Die phallische Form war also wirklich der Gott selber, in dieser Gestalt am Himmel geschaut. Wer dies für eine unglaubliche Roheit halten sollte, möge erstens bedenken, daß die Anschauungen verschiedener Zeiten über derartige Natürlichkeiten verschieden waren, und zweitens, daß die Schaffung eines solchen Symbols auf Grund von Spekulationen, die doch schon ein gereifteres und fortgeschrittenes Denken voraussetzen, im Grunde genommen eine weit größere Roheit wäre; doch mag eine solche z. T. wohl mehr semitische Symbolik für den Aphroditekult u. a.[1] anzunehmen sein; es ist auch ein Unterschied, ob wir solche Abbildungen nur als Beiwerk oder geradezu als Abbild eines Gottes finden. Für den Phallos des Dionys nehme ich denselben Ursprung wie für den des H. an, da er ja auch von Hause aus Mondgott ist. Zur weiteren Begründung meiner Auffassung möge auch die in den Mythen mehrfach zum Ausdruck kommende Vorstellung dienen, daß der Mond die testiculi des Himmelsgottes (d. h. des sichtbaren und wirkenden) seien, der dann im Neumond ein Verschnittener ist[2].

Somit wäre der Phallos allerdings fast als der Ausgangspunkt der Vergötterung des H. zu betrachten, nämlich der am Himmel, aber nicht die Vergötterung des männlichen Zeugungsgliedes schlechthin, wie einige geglaubt haben[3]. —

Ähnlich wie mit der Striegel verhält es sich mit dem Beutel (*μάρσιπος*, marsupium), den am häufigsten der römische

[1]) Den Phallos als Organ des ‚Erdgottes' (?), der die Himmelsgöttin befruchtet (bei Ägyptern und Babyloniern) faßt Fr. Hommel, Grundriß S. 128 f., S. 124 A. 1 (‚Als Phallos des Erdgottes (?) galt der himmelanragende Götterberg mit zwei Spitzen'). — Vgl. S. 284 (‚auch die Grenzsteine sind deutlich Phallen, auf deren Spitze die Tierkreisfiguren (!) abgebildet sind'.) Die Beziehungen eines ‚Erdgottes' zu den Tierkreisfiguren scheinen nicht ganz klar. — [2]) Vgl. Aphrodite, die aus dem mit Kronos' Sichelschwert abgeschnittenen und ins Meer geworfenen Zeugungsgliede des Uranos geboren wird. Pr., Gr. M. I[3], 263; [4], 353. — Der vedische Saptavadhri ‚der Siebenverschnittene' und Vadhrimat, die Frau des Verschnittenenen, Arch. f. Rel.-Wiss. V, 124. — Bei den Ägyptern war der Mond ein zeugnerischer, feuriger Stier, der sich vom Vollmonde an in einen verschnittenen Stier verwandelt. (Brugsch 361 f.; 496. Rosch., Progr. Wurzen 1895 S. 15. Drexler bei Ro., A. L. II, 2760. — [3]) So Rinck, Rel. der Hell. I, 95 (Ro. H. d. Wg. 8). Die Befruchtung aller weiblichen Tiere und Menschen wurde

Mercurius führt, der wahrscheinlich aber doch schon auf griechischem Boden begegnet[1]. H. war zum Gott der Kaufleute, zum Krämergott, ja zum Gott der Diebe geworden. Aber auf welchem Wege? Als Mehrer der Herden spendete er Reichtum, verschaffte er überhaupt Gewinn. Die Kaufleute begleitete und beschützte er auf ihren Reisen, den Dieben leuchtete er bei ihrem nächtlichen Tun. Die Anschauung, daß H. ein κερδῷος ist, halte ich für keine zu junge, doch mag der Beutel immerhin eine jüngere Beigabe sein, auf die das Wort Symbol passen könnte, wenn man nicht auch hier annehmen will, daß manche in dem schönen Goldrunde des Mondes einen schönen goldstrotzenden runden Beutel erblicken mochten.

Zuweilen erscheint in H.'s Hand eine Opferschale; von Alkaios und Sappho wurde er als Mundschenk bei dem Mahle der Götter besungen[2]. Roscher nimmt als Entwicklungsgang an: H. hat als Götterherold genau dieselben Funktionen, wie ein homerischer κῆρυξ. ,Wie also der Herold der homerischen Zeit nicht nur Bote war, sondern auch alle möglichen anderen Geschäfte zu verrichten hatte, z. B. den Fürsten begleiten, dem Sänger die Laute, die Geschenke, das Fleisch zutragen, den Wein einschenken, den Wagen lenken, die Opfertiere durch die Stadt treiben, beim Opfer das Fleisch austeilen und Wasser und Wein zur Spendung mischen mußte, so sehen wir auch den H. bei allen diesen Verrichtungen als Götterdiener tätig'[3].

Das mag für mehrere der angeführten Einzelheiten richtig sein; vielleicht aber hat zugleich einfache Naturanschauung wenigstens die eine Auffassung veranlaßt, daß H. Mundschenk der Götter sei. Der Mond ist von altersher als Trinkschale gedacht, gefüllt mit honiggelbem Rauschtrank zur Labe des höchsten Gottes. ,Der Vollmond ist die volle

---

ohne Frage in ganz roher und sinnlicher Weise auf diesen Phallos am Himmel zurückgeführt. — Wenn Welcker Gr. G. 343. 348 meint, H. habe überhaupt kein materielles Substrat, er sei Vergötterung des Zeugungstriebes, des Belebungstriebes in der Natur (347), so halte ich eine solche Entstehungsart eines alten Gottes für unmöglich. — [1]) Steuding bei Ro., A. L. II, 2807 f. — [2]) Athen. 425 c.; Ro. H. d. Wg. 23 A. 66. — [3]) H. d. Wg. 22.

Schale, Die von den Göttern bei dem Mahle Wird nektarleer getrunken' (Rückert). Dies beweist schon der vedische Mythus von dem neuen Trinkgefäß, dem Werke des Gottes Tvashṭar, das die Ribhus zu vier Gefäßen umformten[1]; Indra ist Herr des Kelches und des Rauschtrankes. Schalen und Kannen begegnen auch in der Hand der Hekate und der Artemis[2], besonders auch bei Men[3], auch bei Asklepios[4], der ebenfalls ein alter Mondgott ist. Ganymedes hat die Trinkschale für Zeus, weil er als Mondwesen ursprünglich diese Trinkschale ist. Ähnlich ist die Sache mit Hermes. Ich glaube, daß sich bei der Ausgestaltung des Gottes als des göttlichen Mundschenken alte Anschauung und neue Spekulation, wie das so oft geschehen ist, gegenseitig durchdringen.

Noch berechtigter ist es, unmittelbare Naturanschauung bei den dem Gotte beigegebenen heiligen Tieren anzunehmen, zunächst beim Widder. Dieser ist ihm in den mannigfachsten Verbindungen als Beigabe zugeteilt[5]; ja nach Pausanias[6] hieß er geradezu *ὁ κριός* (wohl von *κερ* abzuleiten, also ‚der Gehörnte'), in Verbindung mit den Mysterien der Göttermutter. In den Kunstdarstellungen führt H. zuweilen den Widder, zuweilen trägt er ihn unter dem Arm, manchmal sitzt er auf einem Widder oder fährt mit einem Widdergespann[7]. In einer Darstellung finden wir einen mit Widderhörnern versehenen Hermeskopf auf einer Herme aufliegend[8]. In Tanagra genoß der Gott Verehrung als *κριοφόρος*[9]. Ich halte den Schluß, den Mehlis[10] hieraus zieht, daß nämlich H.

---

1) Rv, 1. 20, 6; vgl. Indras Drachenkpf. S. 1; auch den späteren Indern ist der Mond der Behälter des Göttertrankes, daher sudhânidhi und sudhâdhâra. — 2) Ro., A. L II, 3149. — 3) Ebd. II, 2706. 2710. 2718. 2726. 2731. — 4) Ebd. I, 627. 635. — 5) Ebd, I, 2394. — 6) 2, 3, 4.

7) Gerhard, H. auf gr. V. t. V, 2 (Mehlis 124); vgl. Preller-Rob. 420 f. m. d. Anmkgn. — 8) Hermes geht gewöhnlich zu Fuß, nur ausnahmsweise hat er einen Wagen, so einmal im sogen. hom. Hymnus auf Demeter (s. oben S. 59); auch Rudras Wagen wird nur selten erwähnt (Rudra im Rigv., Arch. f. Rel-Wiss. I, 131). — 9) Paus. 9, 22, 1: *Ἐς δὲ τοῦ Ἑρμοῦ τὰ ἱερὰ τοῦ τε Κριοφόρου καὶ ὃν Πρόμαχον καλοῦσι, τοῦ μὲν ἐς τὴν ἐπίκλησιν λέγουσιν ὡς ὁ Ἑρμῆς σφίσιν ἀποτρέψαι νόσον λοιμώδη περὶ τὸ τεῖχος κριὸν περιενεγκών, καὶ ἐπὶ τούτῳ Κάλαμις ἐποίησεν ἄγαλμα Ἑρμοῦ φέροντα κριὸν ἐπὶ τῶν ὤμων.* Vgl. Ro., A. L. I. 2395. — 10) S. 115.

ursprünglich als Widder verehrt wurde, für durchaus richtig; die sogenannten Tiersymbole der Götter sind samt und sonders auf solche Weise entstanden. Der Mond wurde von einem schafzuchttreibenden Volke, wie anderwärts als Stier und Kuh, hier als Schaf, gewiß als goldenes, aufgefaßt. Das bedeutet ja auch der goldene Widder des Phrixos, dasselbe auch der von H. dem Atreus geschenkte goldene Widder. Dasselbe Tier ist (neben Stier, Pferd, Maultier) auch Selenes Reittier[1]; auch andere Mondgottheiten stehen mit ihm in Verbindung[2].

Im Hinblick auf diese gewiß uralte Form des Mondes ist es nicht richtig zu sagen, man habe dem Gotte H. mit beabsichtigter Symbolik ein Schaf als Attribut deshalb beigegeben, weil er später zum Herdengott geworden sei. Die Tierform ist vielmehr das ältere, das früher geglaubte; die spätere Zeit mag sich aus Neigung zum Allegorisieren eine teilweise Umdeutung erlaubt haben; ihr wurde das, was früher naive Naturanschauung war, zum Symbol.

Dasselbe gilt vom Hahn, der ebenfalls H. beigegeben wurde. Es ist das kein Symbol, sondern dies Tier ist wieder eine Form, unter der man den Mond anzuschauen pflegte. Über die Beziehungen der Selene zum Hahn vergleiche man Roscher im Ausführlichen Lexikon[3] unter ‚Mondgöttin'; auch Artemis kommt auf einem Hahn reitend vor[4]. Besonders oft aber erscheint der hauptsächlich in Asien, seit dem 3. Jahrhundert auch in Attika verehrte Mondgott Men[5] mit dem Hahn in der Hand, oder er sitzt auf einem Hahn oder letzterer steht neben ihm. Bei den Germanen sind, wie schon oben bemerkt, die Hähne Gullinkambi, der die Männer in Heervaters Hause weckt, sowie der andere rußrote, der unten unter der Erde singt, sowie Vidofnir, ‚der ganz von Gold glänzende und doch schwarze, dem die Schwanzfeder, die ‚leuchtende Sichel', ausgerissen werden muß, damit er zu Tode komme', als Formen des Mondes in Anspruch zu

---

[1]) Ro., A. L. II, 3142. 3140. (Ro., Selene und Verw. 148.) — [2]) Drexler bei Ro., A. L. II, 2742 f. — Myth. Br. 171. Auch an den Widder sei erinnert, der bei Isaaks beabsichtigter Opferung untergeschoben wird. — [3]) II, 3178. — [4]) Drexler bei Ro., A. L. II, 2762. — [5]) Ebd. 2704. 2746. 2762. 2722. 2726. 2731.

nehmen. Hier ist deutlich die Sichel des abnehmenden Mondes als Hahnenfeder[1] bezeichnet; wie immer in solchen Fällen dachte man sich den übrigen Leib des Tieres hinzu. Daß man auf diese vielleicht sonderbar erscheinende Bezeichnung verfiel, dazu hat gewiß das frühe Krähen der irdischen Hähne den Anlaß gegeben. Man sagte, mit dem Finger drauf zeigend: ‚Da ist der himmlische Hahn, der der Morgensonne entgegenkräht, mit leuchtendem Sichelschwanz, der ihm aber bald ausgerissen werden wird'. Also wieder ist sinnliche Anschauung der Grund; nicht aber erklügelte man sich ein Symbol, etwa weil er, wie Roscher[2] sagt, ‚ein Wetter prophezeiendes Tier ist'; oder weil er, wie Aelian[3] behauptet, *τῆς σελήνης ἀνισχούσης ἐνθουσιᾷ καὶ σκιρτᾷ*, was kaum richtig sein dürfte. Verkehrt hat man auch den Hahn des Gottes Hermes als ‚Symbol der Fruchtbarkeit', der deshalb ‚den chthonischen Göttern überhaupt heilig' sei[4] bezeichnet. Eher noch könnte man die Angabe des Diogenes Laert.[5] billigen, der Hahn sei dem Men deshalb heilig, weil er die Stunden angibt; denn der Mond ist von jeher der allgemeine Zeitmesser. Zu beachten mag auch die Angabe Aelians[6] sein, daß die Nähe des Hahnes Wöchnerinnen die Geburten erleichtere. Offenbar ist der Hahn Stellvertreter des Mondnumens, das überall Geburtsgottheit ist. (Auch ist es, worauf Steuding[7] hinweist, bedeutsam, daß man nach dem Glauben mancher ‚mit einer Schwanzfeder vom Hahn ähnlich wie mit einer Wünschelrute jedes Schloß öffnen könne und selbst u n s i c h t b a r werde'.) Weiße Hähne waren Opfertiere sowohl des Helios als auch der Selene; auch der Athene und des Asklepios, der sich aus einem Mondgott, der vielfach auch Heilgott[8] ist, entwickelt hat.

---

[1]) Vgl. die Zauberfeder Simurghs; Mythol. Br. 137. — [2]) H. d. Wg. 6. — [3]) De Natura animal. 4, 29. — [4]) Steuding bei Ro, A. L. II, 2806. — [5]) Diog. Laert. Vit. philos. 8, 34 (*σημαίνει γὰρ τὰς ὥρας*). — [6]) a. a. O.: *καὶ νῦν ταῖς τικτούσαις ἀλεκτρυὼν πάρεστι καὶ δοκεῖ πως εὐώδινας ἀποφαίνειν.* — [7]) A. L. II, 2806; Steuding zitiert Lucian. somn. s. gall. 28 f.; Petron. sat. 74. — [8]) So Men; vgl. Drexler in Ro., A. L. II, 2762 und das Kapitel ‚Einfluß des Mondes auf Gesundheit und Krankheit' bei Roscher, Selene und Verwandtes S. 67 ff.

Auch bei Hermes kann der Grund dafür, daß ihm der Hahn als Attribut zukommt, gerade wie der Stab, der runde Hut, der Widder, nur in der von mir behaupteten und nun wohl auch genügend bewiesenen Mondnatur des Gottes liegen.

Auch als Adler erscheint H. bezw. Merkur; in einen solchen verwandelte ihn nach einer Erzählung[1] Juppiter. ‚Jedenfalls verfolgte er in dieser Gestalt den zum Schwan gewordenen und in den Schoß der Nemesis flüchtenden Zeus'[2]; was ganz nach einem alten Naturmythus aussieht, gerade so wie die Sage, daß H. das Ei, welches Nemesis (= Leda) gelegt hatte, überbrachte[3].

Es bleibt noch die interessante Tatsache zu erwähnen übrig, daß auch die Schildkröte zu H. in Beziehung gesetzt wurde. Man könnte glauben, dies beruhe einzig und allein darauf, daß er, wie im sogenannten homerischen Hymnus erzählt wird, gleich nach seiner Geburt auf dem Kylleneberg aus der Schale einer Schildkröte, die er dort fand, die Leier bildete, als deren Erfinder er fortan gepriesen wurde. Allerdings nehmen die Kunstdarstellungen des Gottes mit der Schildkröte wohl meist auf diesen Vorgang Bezug[4]. Wir werden jedoch erstens bei der Besprechung des Hermes-Hymnus den Beweis führen, daß alle jene Sagen von den Vorgängen unmittelbar nach H.'s Geburt Mondmythen sind, sodann ist an anderweitig vorkommende Beziehungen der Schildkröte zum Mondnumen zu erinnern. Zunächst steht fest, daß die Schildkröte nicht bloß dem Hermes heilig war, sondern auch dem Pan[5], dieser mehr bäuerischen und landschaftlichen Nebengestalt des alten Naturgottes, dessen andere Form eben Hermes ist. Bei Pan muß die Beziehung auf die Leiererfindung, die berühmte Tat des H., aufgegeben werden.

---

[1]) Mythogr. Vat. 1, 87. Steuding bei Ro., A. L. 2826. — [2]) Steuding a. a. O. — [3]) Vgl. mein Progr. Beitr. zur gen. Erkenntnis der Mondgottheit 1855 (No. 64) S. 11; Mythol. Br. 228. — [4]) S. Preller, Gr. M. I^4, 417. 418 A. 1. — Steuding bei Ro., A. L. II, 2808 bezeugt, daß in Rom die Schildkröte als ‚Symbol' des Merkur vorkommt.

[5]) Paus. 8, 54, 7: *Παρέχεται δὲ τὸ Παρθένιον καὶ ἐς λύρας ποίησιν χελώνας ἐπιτηδειοτάτας, ἃς οἱ περὶ τὸ ὄρος ἄνθρωποι καὶ αὐτοὶ λαμβάνειν δεδοίκασι καὶ ξένους οὐ περιορῶσιν αἱροῦντας· ἱερὰς γὰρ σφᾶς εἶναι τοῦ Πανὸς ἥγηνται.*

Ferner wissen wir, daß Pheidias aus Gold und Elfenbein eine Bildsäule der Aphrodite Urania für Elis geschaffen hatte, wie sie einen Fuß auf eine Schildkröte gesetzt hatte[1], nach Plutarch[2] als ‚ein Symbol der Häuslichkeit und der Schweigsamkeit für die Frauen‘. Preller[3] billigt diese Auffassung und vergleicht das Sprüchwort *οἶκος φίλος οἶκος ἄριστος*. Möglich ist ja, daß schon Pheidias dieser Auffassung Ausdruck geben wollte, daß er dies aber ohne tieferliegende Veranlassung rein aus eigener Erfindung getan habe, erscheint schwer glaublich. Die Gedankenverbindung erschiene zu gesucht, für den Beschauer keineswegs ohne weiteres verständlich, dazu nicht einmal künstlerisch schön ausgedrückt. Ohne eine tiefer liegende Veranlassung würde, so sollte man meinen, ein Künstler zur Bezeichnung der edlen und häuslichen Tugenden der Göttin eher einen Spinnrocken, einen Arbeitskorb oder etwas derartiges gewählt haben. Aber eine Schildkröte? Wie sonderbar! Der tiefere Grund war meines Erachtens ein mythologischer. Aphrodite ist wie Hermes und Pan von Hause aus ein Mondwesen, und die Tatsache, daß bei diesen drei Gottheiten die Schildkröte als Beigabe erscheint, ist ein Beweis dafür, daß die alten Griechen oder schon deren Vorahnen, wie sie den Mond mit so vielen anderen Tieren verglichen haben, ihn auch mit einer Schildkröte verglichen haben. Der Mond erschien ihnen als solch ein Tier, weil er sich allmonatlich in seine Schale, nämlich den dunklen Mond, zurückzieht und dann daraus wieder hervorkommt. Die Vergleichung ist nicht übel und beweist zugleich, wie sehr man in einer gewissen grauen Vorzeit sich abmühte, das große himmlische Wunder der Mond-Vernichtung und Wiedererneuerung durch irdische Beispiele sich begreiflich zu machen und auf irgend eine Weise dahinter zu kommen. Daß wir mit dieser Auffassung das richtige treffen, dafür scheint die hochinteressante Tatsache zu sprechen,

---

[1]) Paus. 6, 25, 2: *τῷ δὲ ἑτέρῳ ποδὶ ἐπὶ χελώνης βέβηκε.* — [2]) Plut. pr. coni. 142 E: *τὴν Ἠλείαν ὁ Φειδίας Ἀφροδίτην ἐποίησε χελώνην πατοῦσαν, οἰκουρίας* (= des Hütens des Hauses, des zu Hause bleibens, des stillen eingezogenen Lebens) *σύμβολον ταῖς γυναιξὶ καὶ σιωπῆς.* — [3]) [3] I, 268 A. 1 (vgl. [4], 357 A. 3).

daß wir einer ganz ähnlichen Anschauung in der Mythologie der alten Mexikaner begegnen.

In der mehrfach angeführten Abhandlung von Ed. Seler über die natürlichen Grundlagen mexikanischer Mythen lesen wir[1]: ‚Nach Duran[2] trugen die Tolteken ein Schneckengehäuse auf dem Kopfe. Das heißt nichts anderes, als es sind Mondwesen. Denn das Schneckengehäuse, das den Mexikanern das im Hause Verschlossensein[3] und gleichzeitig die Geburt[4] veranschaulichte, war das Abzeichen des Mondgottes, der darnach tecciztecatl, „der mit dem Schneckengehäuse“, heißt‘.

Fürwahr eine überraschende Gleichheit der Anschauungen in der alten und neuen Welt!

Zum Schluß dieses Abschnittes mag noch erwähnt werden, daß auch Schlange und Eidechse zu H. in Beziehung gesetzt werden. Der römische Mercurius wenigstens findet sich dargestellt als ‚eine Schlange fütternd oder mit einer Eidechse‘[5]. Daß der Mond (in seiner schmalsten Form) sehr häufig als Schlange aufgefaßt wurde, ist meine feststehende Überzeugung[6]. Die beiden Schlangen, die den Hermesstab später zu umgeben pflegen (so wie die Schlange den Aesculapstab) sind wahrscheinlich eine Erinnerung an die nach links und rechts gerichteten Mondschlangen; (zu- und abnehmende Sichel!).

---

[1]) S. 30. — [2]) Seler zitiert: Historia de las Indias de Nueva España, Tratado 2°, cap. 1. — [3]) Die *οἰκουρία*! — [4]) Der Mond ist überall Geburtsgott! — [5]) Steuding bei Ro., A. L. II, 2807. — [6]) Vgl. Mythol. Br. 85. Drchkpfe. 4; 6; 7 A.; 48; oben S. 62 A. 1.

Verzeichnis der Namen und Motive.

Die Ziffern verweisen auf die Seiten; A. = Anmerkung.

Inhaltsübersicht.

Eine Fortsetzung dieser Studien ist in Aussicht genommen.

Nachträge zur Abhandlung ‚Hermes der Mondgott‘

von

Ernst Siecke.

Das Literarische Zentralblatt (1909 Nr. 18 Sp. 579 f.) enthält eine Besprechung meiner Schrift ‚Hermes der Mondgott‘, hinsichtlich der Verurteilung meines Standpunktes übereinstimmend mit der Besprechung meiner ‚Drachenkämpfe‘ im Lit. Zbl. 1907 S. 803 f. Beide Rezensionen waren ohne Namensunterschrift. Auf eine von mir in Nr. 21 (1909 Sp. 698) veröffentlichte Entgegnung hat sich dann in einer Erwiderung als Verfasser der Rezension meines Hermes Herr W. H. Roscher, der Verfasser der Schrift ‚Hermes der Windgott‘, genannt. Da meine Schrift einen Gegensatz zu der Roschers bildet, so ist seine Ablehnung begreiflich; zu einer endgültigen Entscheidung, wer in dem Streite Recht hat, ist von uns beiden keiner berufen. Daß der anonyme Rezensent W. H. Roscher sein könnte, hätte ich nimmermehr geglaubt, bei der Rezension der ‚Drachenkämpfe‘ zunächst deshalb nicht, weil dort der Wunsch ausgesprochen wird, daß es mir nicht gelingen möchte, ‚mit meiner „Mondsucht“ andere anzustecken‘. In Nr. 21 (Erwiderung) gebraucht Roscher ganz denselben Ausdruck, er wolle verhindern, daß S. ‚mit seiner ‚Mondsucht‘ andere ansteckt‘. Ich gehe also wohl nicht fehl, wenn ich R. auch für den Verfasser der ersten anonymen Rezension halte. Daß mir gerade Roscher den Vorwurf der ‚Mondsucht‘ macht und (Nr. 18 Sp. 580) von den von mir etwa noch nachzuweisenden „Mondwesen“ mit Anführungszeichen spricht, muß mich wunder nehmen, da er doch selber gar sehr an der genannten schrecklichen Krankheit zu leiden scheint. Wenigstens unter den Göttinnen und Heroinen erkennt er in einer stattlichen Anzahl ‚Mondwesen‘ oder ‚Mondheroinen‘ oder ‚Hypostasen der Mondgötter‘, worin ich ihm beistimme. So z. B. außer in Selene auch in Hera, Artemis, wenigstens teilweise auch in Aphrodite (A. L. II, 3162, 3167, 3172), dann in Leda, Hekate, Mene, Britomartis-Diktynna, der thrakischen Bendis, Eileithyia, Europa, Pasiphae, Antiope, Prokris, Medeia, Kallisto, Kallone, Atalante, Iphigeneia, Phaidra, Kirke, Asteria, Iphianassa-Asterodia, Chryse, Perse, Persephone, Pandia, Phoibe, Theia, Euryphaessa, Telephaessa, Arge, Agamede, Perimede. (Vgl. den Artikel ‚Mondgöttin‘ im Ausf. Lexik.). Manche Gelehrte sind schon längst der, wie ich glaube, richtigen Ansicht, daß sämtliche hellenische (wie auch germanische) Göttinnen aus einer Differenzierung derselben Urgestalt hervorgegangen sind. Diese werden, wenn sie Roscher in bezug auf die eben angeführten ‚Mondwesen‘ beipflichten, gerade durch ihn zur ‚Mondsucht‘ angesteckt werden. Doch Roscher wird die Prämisse nicht zugeben, und so läßt er sich den naheliegenden, aber keineswegs neuen Witz von meiner ‚Mondsucht‘ nicht entgehen. Bei urteilslosen Leuten zündet dieser Witz, wie ich schon oft zu beobachten Gelegenheit hatte, immer, und man kann es begreifen, daß ein Rezensent die Lacher auf seine Seite zu bringen sucht, zumal einem unbequemen Konkurrenten gegenüber. Auf dem Gebiet der ‚Mondtheorie‘ bin ich Roschers Konkurrent. Die den Witz von der Mondsucht machenden Leute denken übrigens oft nicht daran, daß sie damit, ohne es zu wollen, die Tatsache anerkennen, daß nach alter Anschauung der Mond sogar die Kraft hat, den Verstand der Menschen zu verwirren. Es ist das eine sehr beachtenswerte, ja ungeheuer wichtige Seite seiner ihm von alters her zugeschriebenen Macht. (Vgl. Roscher A. L. II 3155. Selene u. Verw. 67 ff.). Welche gewaltige Rolle der Mond in der Anschauung der Urzeit gespielt hat, ist oft genug von anderen[1] hervorgehoben worden, auch

[1]) Vgl. z. B. Welcker, Gr. G. 551 ff.; Grimm, Dtsches Wörterb. VI, 2500.

von Roscher[1] selbst. Ich gehe nun allerdings noch etwas weiter als Roscher, aber das ist doch schließlich nur ein Unterschied des Grades; ich überhole ihn etwas in der Konkurrenz.

R. streitet gegen meine Behauptung, daß bei den Griechen der Mond auch männlich sein konnte. Allerdings ist dies der Angelpunkt des Streites; sobald jene Behauptung zugegeben wird, wird sich unzweifelhaft eine ebenso stattliche Reihe männlicher ‚Mondwesen', ‚Mondheroen' und ‚Hypostasen des Mondes' von selbst ergeben, wie solche weiblicher von R. aufgestellt worden ist, und zwar aus ganz denselben Gründen, wie sie R. für seine weiblichen ‚Mondwesen' ins Feld zu führen pflegt. Die Verteidigungsstellung, die R. einnimmt, ist aber längst als verloren anzusehen. Vgl. meine Bemerkungen in ‚Hermes d. Mondg.' S. 5 f. Anmerk. 1[2]. Drexler schreibt in Roschers Lexik. (II 2689): ‚Daß die Vorstellung des Mondes als einer männlichen Gottheit ursprünglich auch den Griechen eigen war, obgleich sie bei ihnen früh durch die weibliche *Μήνη* verdrängt wurde, vermutet Usener (Götternamen S. 36)', während allerdings der Rezensent meiner ‚Drachenkämpfe', der doch wohl R. ist, sagt, daß ‚alle früheren kompetenten Darsteller der griechischen Mondmythen nur an Mondgöttinnen, nicht an Mondgötter gedacht haben'. Es fragt sich aber, inwieweit sie kompetent sind. In der Wissenschaft gelten doch nur Gründe. Aufmerksam sollte Hartgläubige schon der heutige griechische Volksglaube machen. N. G. Politis (bei R. ‚Selene u. Verwandtes' S. 173) sagt: ‚Der Mond, seltener

---

[1]) In der Abhandlung ‚Die Sieben- und Neunzahl' (Lpz., Teubner 1904) spricht Roscher (S. 68) von dem ‚ungeheuern von fast allen Völkern anerkannten Einfluß des Mondes und seinen (siebentägigen) Phasen auf das gesamte organische Leben'. Kräftiger habe auch ich mich kaum irgendwo ausgedrückt.

[2]) Zu den dort angeführten Gelehrten hätte ich auch O. Gilbert hinzufügen können, der in seiner Griech. Götterlehre S. 109 Geryones, Kerberos und andere ‚ältere Entwickelungsformen' des Hermes nennt und sie wegen ihrer Dreiköpfigkeit richtig als Mond faßt, womit er nicht nur überhaupt einen männlichen Mond bei den Griechen, sondern eigentlich auch Hermes selbst als solchen, wenn er sich konsequent bleiben will, anerkennt.

mit dem alten Namen *σελήνη* als mit dem Vulgärnamen *φεγγάρι* benannt, wird zwar noch heute von dem griechischen Volke unter ersterem Namen als Weib d. i. als Gattin des Helios personifiziert gedacht, gewöhnlich aber erscheint er im neugriechischen Volksglauben als ein männliches Wesen'. Dazu in der Anmerkung: ,Im trapezuntischen Dialekt ist *φέγγον* (ὁ) masculin'. Wenn nichts anderes, so folgt wenigstens so viel hieraus, daß die Auffassung hinsichtlich des Geschlechts des Mondes durchaus flüssig, keineswegs fest und unveränderlich ist, wie wir dies ja bei vielen Völkern, z. B. den Germanen, bestätigt finden. In meinen Schriften glaube ich für jeden, der seine Augen nicht absichtlich verschließt, massenhaft Beweise für den griechischen Mondgott beigebracht zu haben. Die Entscheidung der Frage, ob gerade das Wort *ὁ μήν* außer ,Mond' als ,Monat' auch Mond als Himmelskörper bedeutet habe, was R. bestimmt leugnet, ist hierbei eigentlich von geringerer Bedeutung, doch kann ich R. in keiner Weise die Richtigkeit seiner Sätze zugestehen. Er sagt unter Bezugnahme auf meine Darlegung Hm. Mg. S. 5, die ich in jedem Punkte aufrecht erhalte: ,S. übersieht also: 1. daß griech. *μήν* (*μείς*) niemals den Mond (Mondgottheit), sondern stets nur den Monat oder die menses der Frauen, einmal auch den Meniskos bedeutet; 2. daß der Eigenname *Μήν* (= Lunus) nur den Mondgott der Phryger usw., nicht der Griechen, bezeichnet; 3. daß aus einer phrygischen oder semitischen Auffassung des Mondes als eines männlichen Wesens niemals auf eine gleiche Vorstellung der Griechen und Römer, die den Mond nur als weiblich aufgefaßt haben (*σελήνη*, *μήνη*, luna) geschlossen werden darf'. — Roma locuta est, doch ist die Sache damit diesmal noch nicht zu Ende. Der aus Poseidonios schöpfende Mathematiker Kleomedes sagt II, 5 (p. 135 ed. Bake): *καὶ γὰρ ἡ σελήνη, ὅταν ᾖ σιγμοειδὴς τῷ σχήματι μὴν καλεῖται*[1], ,nam et luna, cum curvata est, *μὴν* appellatur'. Für ,sprachlich

---

[1]) Kleomedes *Κυκλικὴ θεωρία τῶν μετεώρων* rec. Bake Lugd. Bat. 1820. Ziegler (ed. Teubn.), p. 202 liest *ἡ θεός* statt *ἡ σελήνη*, welches die Lesart des cod. Mediceus, des besten, sowie der meisten anderen Ausgaben (Balforei, Bakii, Schmidtii) ist.

Geschulte', die durch Sprachvergleichung, durch Zusammenstellung der verwandten Wörter, so oft Wortbedeutungen zu erschließen gewohnt sind, welche über die in den ältesten Literaturdenkmälern bezeugten hinausgehen und als Vorstufen der Bedeutung anzusehen sind, ist das eben zitierte äußere Zeugnis natürlich eigentlich unnötig. Wenn das mit skr. mâsa, unserm Mond usw. verwandte Wort μήν den Griechen ,Monat' bedeutet, so muß man wegen der Bedeutung ,Mond' in den verwandten Sprachen den Schluß ziehen, daß μήν eben von Hause aus Mond als Himmelskörper bedeutete. Die andere Bedeutung kann unmöglich die erste oder zugrunde liegende gewesen sein. Es ist ganz ausgeschlossen, geradezu ein Ungedanke, daß sich der Name für ,Monat' in irgend einer indogermanischen Sprache von dem Wort, welches ,Mond' bedeutet, trennen lasse. Beide Begriffe fallen in ältester Zeit durchaus zusammen. Allgemeine Bedeutung hat, was Mor. Heyne in Grimms Deutschem Wörterbuche unter ,Monat' sagt: ,Des Zusammenhangs mit dem den Zeitlauf messenden Mond, goth. mêna, ahd. mâno, ist man sich von jeher bewußt gewesen', wobei Sirach 43, 6 u. 8 angeführt wird: ,Und der Mond in aller Welt muß scheinen zu seiner Zeit und die Monate unterscheiden, und das Jahr austeilen'. ,Er machet den Monat, er wächset und verändert sich wunderbarlich'. — Das skr. Wort mâs heißt 1. Mond, 2. Monat; beide Bedeutungen sind im Rigveda belegt, (s. Pet. Wb.); ebenso mâsa. Es kann in Griechenland, wo man auch später noch nach Mondmonaten rechnete, ursprünglich nicht anders gewesen sein. Vergleichung ermöglicht doch überall, über das urkundlich bei den einzelnen Völkern Belegte hinauszukommen. Dies hat ja R. eigentlich auch selber längst anerkannt. Er sagt (A. L. II, 3129): ,Ein zweiter, ebenfalls recht häufiger Name, der freilich fast ausschließlich bei Dichtern vorkommt (schon bei Homer), ist μήνη (Μήνη, dor. Μήνα), was natürlich mit μήν, lat. mensis usw. zusammenhängt' und entweder von Wurzel ma messen (so Curtius a. a. O. 333) oder von ma tauschen, wechseln (vgl. den **,wechselnden Mond'**) abzuleiten ist'. Wozu also eigentlich die Polemik gegen mich? μήνη ist nur eine Differenzierung von μήν[1]. Wird R. irgend jemand einreden können, daß die Bedeutung von μήν für μηνίσκος aus dem Begriff des ‚Monats', und nicht aus dem des ‚Mondes' geflossen sei? μηνίσκοι (lunulae) sind bei Aristophanes über Statuen angebrachte Dächer in Form des Mondes oder Halbmondes, (μηνίσκος kann auch halbmondförmige Schlachtordnung, μηνοειδὴς φάλαγξ bedeuten), und der Dichter braucht dafür nach sicherer Verbesserung geradezu das Wort μήν[2]. Bei diesem Sachverhalt ist es mindestens gesucht, Worte wie μηνοειδής und νουμηνία, μηνίσκος selbst, sowie σκοτομήνιος (νὺξ σκοτομήνιος Od. 14, 457) und den Namen des Flusses Menios von dem seinerseits abgeleiteten μήνη, statt direkt von μήν abzuleiten. Wenn R. (Selene u. Verw. S. 2 u. A. L. II 3120) in bezug auf ‚so viele aus den verschiedensten griechischen Landschaften stammende Personennamen', wie Μηνογένης, Μηνόδοτος, Μηνοφάνης, Μηνόφιλος, Μηνοχάρης usw. (woneben allerdings auch Bildungen wie Μηναγόρος, Μηνηγέτης u. a. erscheinen) sagt: ‚Mag auch vielleicht bei einzelnen dieser Namen an den Kult des kleinasiatischen Mondgottes Μήν (Lunus) zu denken sein, so ist es doch für die überwiegende Mehrzahl von ihnen durchaus wahrscheinlich, daß die griechische Μήνη gemeint ist' — so scheint mir viel wahrscheinlicher, daß direkt an Μήν, aber nicht als kleinasiatischen Gott, zu denken ist.

Menophilos ist Name eines Atheners bei Lysias VIII, 15. Selene ist zur Namengebung kaum verwandt worden. (Vgl. R. Selene u. Verw. 166). — Die Katamenien ferner heißen so ebensosehr deshalb, weil sie monatlich erfolgen, als weil sie nach allgemeiner Volksansicht vom Monde veranlaßt

---

[1]) Vgl. auch O. Schrader, Sprachvergl. u. Urgesch.[2] 443: ‚Mond und Monat' gehen, zuweilen unter kleinern Suffixverschiedenheiten, im Indogermanischen ineinander über ... Öfters ist nur der zu diesem Stamme gehörige Name des Zeitmaßes erhalten, und für den des Gestirns sind neue Worte eingetreten: so für griech. μήν: σελήνη usw.

[2]) Arist. Av. 1114 f.: ἢν δὲ μὴ κρίνητε, χαλκεύεσθε μηνίσκους φορεῖν / ὥσπερ ἀνδριάντες·- ὡς ὑμῶν ὃς ἂν μὴ μῆν' ἔχῃ, / ὅταν ἔχητε χλανίδα λευκήν, τότε μάλισθ' οὕτω δίκην / δώσεθ' ἡμῖν, πᾶσι τοῖς ὄρνισι κατατιλώμενοι. [Meineke: μῆν' Seidlerus; μήνην et μήνιν codd. — Die Änderung ist unzweifelhaft richtig.]

werden (worüber R. Selene u. Verw. 55f. u. A. L. II 3149f.), und auch hier halte ich die Ableitung von μήν für wahrscheinlicher als von μήνη. Auch bei Wendungen wie μὴν φθίνων und τελευτῶντος τοῦ μηνός bei Thucydides (2, 4) als Grund der dunklen Nacht (‚wo der Mondschein zu Ende ging‘) scheint es mir nicht geraten, von der Bedeutung ‚Mond‘ für μήν ganz abzusehen. Die Begriffe ‚Mond‘ und ‚Monat‘ lassen sich eben nicht trennen, und daraus folgt, daß Μήν auch einmal Name des uralten, von jeher verehrten Mondnumens gewesen sein muß. Wenn die Griechen in Asien einen meinetwegen bloß von ihren barbarischen Nachbarn verehrten Mondgott Μήν, und nicht mit dem von den Barbaren gebrauchten Namen (etwa Adonis), nannten, so erkannten sie damit an: Μήν kann bei uns Griechen ‚Mond‘ heißen. Und Griechen in Attika folgten ihnen darin.

Was R. hierzu unter 3. sagt, ist ganz unzutreffend. Als zwingenden Beweis für das Vorhandensein einer männlichen Mondgottheit bei den Griechen habe ich die phrygische oder semitische oder indische und germanische Auffassung nirgends hingestellt, sondern zunächst nur als einen Beweis dafür, daß solche Vorstellung überhaupt möglich, und dann dafür, daß sie weit verbreitet war. Dies ist in mythologischen Untersuchungen oft schon sehr viel wert. Viele Sagenforscher stellen Theorien auf, die überhaupt ganz undenkbar sind und nirgends Analogien haben, z. B. daß die Gestalt eines großen, weit und breit verehrten Gottes ihren Ursprung in der bloßen Idealisierung eines Heldentypus (Herakles) oder des Hirtenlebens (Pan) hätte, oder auch, daß der Wind ein mächtiger Gott, nicht bloß die von einem mächtigen Gotte ausgehende Wirkung, gewesen sei. (Weder Rudra noch die Marut, noch Odin sind ‚Windgötter‘; Gestalten wie Vâyu, Aiolos, Zephyros usw. sind untergeordneter Art). Alle Analogien zeigen, daß die Menschen der Urzeit, die eben keine Phantasten waren, ihre Götter sehen wollten, wie dies Caesar von den alten Deutschen ausdrücklich bezeugt (B. G. 6, 21). Das nachgewiesene Vorkommen an der einen Stelle sichert wenigstens die Möglichkeit davon, daß sie auch an anderer

Stelle vorkommen kann. R. selber führt derartige Parallelen in seinen Schriften mit Recht oft an, um Ähnlichkeitsschlüsse daraus zu ziehen. Vgl. z. B. Selene und Verw. S. 1—16, bes. S. 16. Dort S. 77 und A. L. II 3158 beruft er sich auf Grönländer und Litauer, um durch Vergleichung die Einfachheit, Natürlichkeit und Ursprünglichkeit gewisser Gedanken klar zu legen. Ich kann dies nur billigen; es entspricht das durchaus meinem Standpunkt. Aber allerdings besteht ein Unterschied in der ganzen Behandlung des Mythenstoffes zwischen R. und mir. R., der Mythenvergleichung zwar nicht grundsätzlich ablehnt, aber darin nicht weit genug geht, sucht zunächst mit Bienenfleiß auf dem begrenzten Gebiet der Griechenwelt das überlieferte Material zusammenzutragen. Eine sehr nützliche Vorarbeit, und als solche unerläßlich! Ich habe R.'s Verdienste in dieser Hinsicht überall mit Dank anerkannt (vgl. Hm. Mg. S. 1) und seine Vorarbeiten, wo ich sie benutzt habe, stets gewissenhaft zitiert[1]. Daß aber auf diese Weise allein das Rätsel des über den ganzen Erdball verbreiteten Mythenstoffes nicht zu lösen ist, hat sich nachgerade deutlich herausgestellt. Dies kann nur die bewußt vorgehende vergleichende Methode, die Zusammenstellung und Beurteilung der an verschiedenen Punkten sich vorfindenden gleichartigen Motive, leisten. Sie allein lehrt deren eigentlichen Sinn, die Bedeutung der Prädikate, verstehen. Sie bewahrt auch am besten vor jener wissenschaftlichen Kurzsichtigkeit, die vieles ganz klar vor Augen Liegende nicht sieht und so oft mit dem gesunden Menschenverstande in Widerspruch gerät. Ich behaupte, man darf auf die eigene Anschauung und Empfindung, die ja, das ist zuzugeben, unter Umständen fehl gehen kann, nicht verzichten[2]. Dies ist z. B. bei Beurteilung von Hermes' Geburtstag und von Hermes, dem Gott der Diebe, nötig, wovon nachher.

R. wirft mir ‚mythologische Phantasterei' vor, mir, der ich in allen meinen Schriften darauf dringe, die mythischen

[1]) So auch unzählige Male in meinem demnächst (bei H. Costenoble, Jena) erscheinenden Werke ‚Götterattribute'. — [2]) Siehe hierüber ‚Götterattribute' S. 12.

Erzählungen zunächst ganz wörtlich zu verstehen, und dementsprechend für die in den Mythen erwähnten Farben, Formen, Verwandlungen, Zerstückelungen usw. nur solche Subjekte zuzulassen, an denen die erwähnten Prädikate sich so nachweisen lassen, daß man womöglich klare Zeichnungen[1] davon entwerfen kann; der ich mich auf das bestimmteste gegen die Annahme von Allegorien und Symbolen[2] erkläre; der ich den Indogermanen überhaupt keine anderen Götter zutraue, als solche, die sie sehen konnten. Ich würde es eher verstehen, wenn mir zu große Nüchternheit vorgeworfen würde, wie denn z. B. P. W. Schmidt[3] gegen mich geltend macht, solche Urteile, daß der Mond eine Kuh, eine Schlange, ein Bogen usw. sei, seien kindisch, nicht kindlich. Schmidt kann sich offenbar nicht auf den kindlichen Standpunkt versetzen, und die in den Urteilen ausgesprochenen Anschauungen sind ihm zu einfach. Ich muß es meinerseits für ‚mythologische Phantasterei' erklären, die von mir (Herm. Mg. S. 3 und 4) zusammengestellten Prädikate[4] für Hermes auf einen Windgott beziehen zu wollen, und behaupte nach wie vor, es ist gesunde, nüchterne, von jeder Phantasterei freie Anschauung, sie auf den Mond zu beziehen. Merkwürdig, und für die Art von R.'s Polemik mir gegenüber bezeichnend ist es, daß R. in seinen Schriften zum Teil dieselben Beweisgründe, die ich für Hermes' Mondnatur anführe, für die Mondwesenheit verschiedener anderer Gestalten, allerdings nur weiblicher,

---

[1]) Der Versuch dazu wird nächstens in den ‚Götterattributen' vorgelegt werden. — [2]) Trotzdem führt mich O. Gruppe im Jahresbericht über die Fortschritte der klass. Altertumswissensch. Supplementband. 137. Band. 1908 (Lpz., Reisland) unter dem Abschnitt ‚Die symbolische Mythendeutung' auf. — [3]) Anthropos 1909, S. 829.

[4]) Bruder des Lichtgottes Apollo, der nächtliche, Gefährte der dunklen Nacht, Bote der Götter, der unterirdische, Erfinder des Feuers, weiße, glänzende, gut spähende, alles erblickende, Seher der Nacht, Führer der Träume, Schlafspender, Vorsteher des Schlafes, Wegeleiter, Gott der Diebe, dreiköpfig, mit bald goldenem, bald schwarzem Antlitz, mit Sternenchiton, halb weißem und halb schwarzem Hut, mit Keilbart und goldenem Stabe.

anführt; er weist nach, daß sie dieselben Eigenschaften wie Selene haben, daß ihnen dieselben Prädikate zukommen. Wenn ich dasselbe in bezug auf Hermes tue, so mag dies in R.'s Augen ja irrtümlicher Weise geschehen, aber er darf es doch weder als ‚Phantasterei‘ noch als ‚Mondsucht‘ bezeichnen. Abgesehen davon, daß R. selbstverständlich das Geschwisterverhältnis von Helios und Selene anführt (Selene und Verw. S. 94), macht er für Letos Mondnatur den Beinamen νυχία geltend (A. L. II 3172), wie ich für Hermes den Beinamen νύχιος. Daß der Mond mit einem Auge verglichen wird und εὔσκοπος, πανδερκής, πανεπίσκοπος ist, hebt R. (A. L. II 3138) hervor; dasselbe tue ich in bezug auf Hermes, das ‚Auge der Welt‘. Selene ist nach R. auch πάνσοφος (a. a. O.). Bei Hermes tritt die Schlauheit besonders hervor (Hm. Mg. 46), er ist λόγιος (17). Eine tauspendende ungenannte Göttin faßt R. mit Recht als Selene, besonders auch wegen des Ausdruckes πάνφοιτος ἄνασσα (Selene-Luna heiße ἠεροφοῖτις, οὐρανόφοιτος, πολύστροφος, omnivaga (A. L. II 3126), vgl. luna errans (3147). Der Rolle des Mondes als Tauspenders (Selene und Verw. 49—55 A. L. II 3148) entspricht Hermes' Beziehung zu Herse, ihrem Umherwandern sein Wandern als Bote der Götter. Vom ‚feurigen, rötlichen Goldglanz des nächtlichen Mondes‘ handelt R. S. 3180 und von Chryse, ‚unter welcher Göttin wahrscheinlich die goldglänzende Selene zu verstehen ist‘ 3170. Der ‚nächtliche‘ Hermes hat ein goldenes Antlitz und überhaupt goldene Gegenstände, ist daher χρυσόρραπις. Phaidra ist nach R. Mondheroine (3191); Hermes hat den Beinamen φαιδρός. Selenes Beziehungen zum Widder (3142), Mens (3174), zum Hahn (3178), zur Unterwelt und zum Totenreich, zu den Seelen der Abgeschiedenen („nach uraltem Volksglauben“) (S. 3167, 3147) wird hervorgehoben, was alles zu Hermes stimmt. Dasselbe gilt von der Darbringung bestimmt geformter Kuchen im Mondkult (3181, vgl. Hm. Mg. 71). Im Ausf. Lex. I 393 (Aphrodite) spricht R. von ‚dem im Altertum verbreiteten Gedanken, daß der Mond das Wetter beeinflusse und Regen und Sturm anzeige‘, und fährt dann fort: ‚So erklärt sich wohl auch die Auffassung der orientalischen Aphrodite als

Glücksgöttin (Fortuna Coeli, vgl. Preller R. M.[3] 2, 407; Gr. M.[3] I, 281; — Aschera = die Glückliche, Beglückende: Herzogs R. I, 723) und die Bezeichnung des besten Wurfes im Würfelspiel mit dem Namen der Aphrodite.‘

Damit vergleiche man, was R. in der Anzeige meines Hermes, um mich lächerlich zu machen, schreibt (Sp. 580): ‚Wie der „Mondgott“ Hermes dazu kommt, schon in ältester Zeit als . . . Glücksgott . . . verehrt und gefeiert zu werden, das werden wir möglicherweise erst in der nächsten „Studie“ Sieckes erfahren‘. Ja wohl, und da werde ich mich auf R. berufen[1]. Es wird doch das nicht bei Siecke unsinnig sein, was bei Roscher sinnvoll ist. R. vermutet auch ganz recht, daß ich in der nächsten „Studie“ vielleicht auch darlegen werde, wie der „Mondgott“ Hermes dazu kommt, schon in ältester Zeit als Bote . . . und Erfinder der Leier verehrt und gefeiert zu werden. Aus der Vergleichung mit dem indischen Mondgott Pûshan, der Sûryas, des Sonnengottes Botengang geht (Rv. 6, 58, 3), wird sich dann ergeben, als wessen Boten sich die Menschen der ältesten Zeit den unermüdlichen Wanderer am Himmel vorstellten. Die Leier am Himmel und das von Prometheus entzündete Feuer wird man demnächst sogar abgezeichnet sehen können[2]. Ich vertraue, daß schon vom Standpunkte des gesunden Menschenverstandes aus die Leser meiner Mondtheorie den Vorzug geben werden vor der Roscher'schen Windtheorie. Die Berufung auf den gesunden Menschenverstand freilich wird R. vielleicht belächeln oder verdächtigen, denn er hat offenbar mehr Respekt vor gelehrten Zitaten aus Scholiasten u. dgl.[3],

[1]) Ich handle über diesen Punkt schon in den ‚Götterattributen‘ S. 72 und A. 6, wo ich leider verabsäumt habe, auf Politis bei Roscher, Selene u. Verw. S. 185 zu verweisen: ‚Der Neumond bringt, wie man glaubt, denjenigen Glück, die ihn sehen‘ . . . ‚Die den neuen Mond zuerst sehen, singen ihn mit einem Lied an‘ . . . ‚Sie müssen dann mit der Hand einen goldenen Gegenstand oder eine Goldmünze berühren, damit sich ihr Geld mehre‘. Dazu Anmerkung 41: ‚Auch in Venedig berührt man ein Goldstück, sobald man das erste Viertel des Mondes sieht‘ (Reinsberg-Düringsfeld, Ethnol. Kuriositäten, II, p. 118. Wuttke, D. Volksabergl.[3] § 682).

[2]) Götterattrib. 205. 236. — [3]) Daher wundere ich mich, daß er gar nichts zu geben scheint auf das Zitat: ‚*Ἑρμῆ κοσμοκράτωρ ἐγκάρδιε, κύκλε Σελήνης*‘ (Hm. Mg. 10).

selbst wenn sie handgreiflich Verkehrtes bieten sollten. So sucht er (Selene u. Verw. S. 76) durch (z. T. mißverstandene) Zitate den Gedanken zu stützen, ‚daß der Mond wie ein schüchternes verliebtes Mädchen bald vor der Sonne fliehe, bald ihr nachgehe und sie schließlich im Neumond einhole.‘ Daß letzteres verkehrt ist, sagen uns unsere Augen, denen man mehr trauen muß, als allen Scholiasten. Der Mond folgt der Sonne nur als zunehmender bis zum Vollmonde, danach erfolgt ein Umdrehen (vgl. Orpheus!); vom Vollmonde an folgt die Sonne dem Monde, der Mond scheint vor der Sonne zu fliehen, der Sonnengott holt dann die Mondgöttin ein, nicht die Mondgöttin den Sonnengott. Im ‚Hermes d. Windgott‘ S. 74, A 275 hält es R. für nötig, durch gelehrte Zitate zu beweisen: ‚Wie noch jetzt so galten schon im Altertum windstille tiefgelegene und sumpfige Orte im Gegensatz zu solchen, die einem frischen Luftzuge zugänglich waren, für ungesund‘; und S. 79: ‚Daß Seuchen aus verdorbener Luft entstehend gedacht wurden, ist mehrfach bezeugt‘. So etwas, meine ich, weiß man von selbst. Dasselbe ist hinsichtlich des Mondes als des Gottes der Diebe zu sagen. Daß Räubern und Dieben der Mond eine befreundete Macht ist, muß jeder einleuchtend finden. Daher ist die Stelle aus Schillers Räuberlied ‚Der Mond ist unsere Sonne‘ schlagend, denn die Worte sprechen eben das aus, was jeder ohne langausgedehnte mythologische Untersuchungen sich selbst sagen kann. Höchst charakteristisch für R. ist es, daß er das Schiller'sche Zitat ‚wunderlich‘ nennt (Nr. 21 Sp. 694), und lächerlich, daß er ‚antike Zeugnisse‘ dafür beibringt, daß Diebe und Räuber sich auch manchmal ganz dunkle und mondlose Nächte für ihre Unternehmungen aussuchten. Als ob die Nützlichkeit einer Nachtlampe oder Laterne[1] im geringsten dadurch widerlegt würde, daß es Fälle gibt, in denen man sie wieder lieber auslöscht! Es wird also bei dem zu verbleiben haben, was ich schon 1898 in meiner Arbeit über den indischen Mondgott Rudra (Arch. f. Rel. Wiss. I, 255)

---

[1]) Es gibt doch bekanntlich ‚Diebeslaternen‘!

kurz ausgesprochen habe: ‚Rudra ist Herr der Diebe, Langfinger, Spitzbuben, Beutelschneider und Räuber (Vâj. S. 16, 20), natürlich weil für dies Gelichter schon damals galt: „Der Mond ist unsere Sonne“. Aus demselben Grunde ist Hermes Gott der Diebe.‘

Mit derselben Scheu, den Mahnungen des gesunden Menschenverstandes zu folgen, und dem sklavischen Kleben am Buchstaben irgend eines würdigen Pergaments hängt auch das zusammen, was R. gegen meine Auffassung von Hermes' Abstammung und Geburt, nämlich der am vierten Monatstage erfolgten, sagt. Eine nach seiner Ansicht besonders starke Torheit meinerseits sucht R. in folgender Weise festzunageln: „Der Sohn [Hermes], den wir als Mondgott auffassen, hat seine Mutter [Maia] in dem vorigen Monde (!) weiblich gedacht!“ R. will allerdings nicht zugeben, daß das Geschlechtsverhältnis von Sonne und Mond wechselt. Sonst aber ist ihm doch wohl bekannt, daß Sonne und Mond immer wieder Kinder von Sonne und Mond sind. So sagt er Selene u. Verw. S. 98 . . . ‚es liegt das eheliche Verhältnis von Sonnengott und Mondgöttin zugrunde, aus welchem gleichartige Kinder (Lichtgottheiten) hervorgehen‘. Ähnlich A. L. II 3160. Ist also das Geschlechtsverhältnis der ‚Lichtgottheiten‘, wie ich vielfach nachgewiesen habe, nicht fest, so kann der männlich gedachte Mond sehr wohl Sohn des weiblich gedachten sein, so gut wie ein Sonnenmädchen Tochter, d. h. weibliche Wiederholung, des Sonnenvaters sein kann. —

Der hohen Bedeutung der ‚drei Tage‘, die in allen Mythologien wiederkehrt, wird R. in keiner Weise gerecht.

Zunächst wird man einen Gott, der alle Monate einmal Geburtstag hat, doch wohl am wahrscheinlichsten für den Mond zu halten haben. Daß Hermes deshalb am vierten Tage jedes Monats Geburtstag habe, weil ‚nach antiker Wetterregel‘ ‚der vierte Tag des Mondmonats für Wind und Wetter der folgenden Tage entscheidend ist‘ (Nr. 21 Sp. 694), diese Ansicht R.'s wird vermutlich wenig Anhänger finden. Übrigens meint doch R. hier mit dem vierten Tag des Mondmonats den vierten Tag nach der Konjunktion, nach der σύνοδος. Auch ich bin der Ansicht, daß dieser mit Hermes' Geburtstag gemeint ist.

In der Besprechung meiner ‚Drachenkämpfe' (1907 S. 803) wird dies aber bestritten: „am vierten Monatstage (also am vierten Tage nach der νουμηνία, d. h. nach dem ersten Wiedererscheinen der Neusichel, nicht wie Siecke S. 21 u. 43 behauptet, am vierten Tage nach der Konjunktion!)"; ebenso in der Beurteilung meines Hermes d. Mg. (1909 S. 579).

Die Ansetzung der νουμηνία war im Altertum keineswegs so fest und bestimmt, wie R. hier glauben machen will. Allerdings wurde unter νουμηνία vielfach der Tag verstanden, an dem der Mond wieder als Sichel sichtbar wird, ‚das Neulicht' (Ginzel, Hdb. d. mathem. u. techn. Chronologie I, 35), daneben aber hat man mit νεομηνία offenbar auch den Tag bezeichnet, an welchem der Mond uns seine unbeleuchtete Hälfte zuwendet und wir ihn deshalb gar nicht sehen, also den Tag, den auch unsere Astronomen ‚Neumond oder Neomenie' nennen und wofür ein noch passenderer Ausdruck ‚Schwarzmond' wäre (Ginzel a. a. O. — R. Wolf, Handb. d. Astronomie I, 450: ‚Der Neumond oder die Neomenie [von νέος = neu und μήν = Mond] entspricht der sog. Konjunktion'). Kleomedes (Κυκλικὴ θεωρία τῶν μετεώρων) II, 5 sagt: καλεῖται μὴν καὶ τὸ ἀπὸ συνόδου ἐπὶ σύνοδον διάστημα. Daß diese Anschauung namentlich in der Mythologie eine Rolle spielt, weiß doch R. recht gut, aber in den gegen mich gerichteten Rezensionen erinnert er sich dessen nicht. Er übt hier die ars nesciendi. Er sagt (Selene u. Verw. S. 77): ‚Im engsten Zusammenhang damit steht der eigentümliche, ebenfalls wie es scheint, uralte Glaube, den Tag der Konjunktion (σύνοδος) von Mond und Sonne (d. i. der Neumond) für die Zeit zu halten, an dem beide Gestirne sich begatten'. (Wird belegt durch ein Zitat aus Proklos zu Hesiods ἔργα v. 78). Im Ausf. Lex. I, 2098 f. (Hera) sagt er ferner: ‚Mehrere Anzeichen sprechen dafür, daß man jene ideale Hochzeit der Mondgöttin auf einen Neumond (Tag der σύνοδος von Sonne und Mond; vgl. Roscher a. a. O. [Stud. 2] 106) verlegte, den wir schon oben als Festtag der Hera kennen gelernt haben (vgl. Roscher a. a. O. 31 ff. 72—106)'; und im Ausf. Lex. II, 3159 wird gesagt, ,daß nach Plutarch (Is. u. Os. 43) die Hochzeit von Isis und Osiris, d. i. nach Plutarchs Deutung von Mond und Sonne, auf die *νουμηνία* des Frühlingsmonats Phamenoth fiel' usw.

Wenn also Hermes am 4. Tage des Monats geboren wird, so kann sehr wohl damit der vierte Tag nach der Konjunktion (*σύνοδος*) gemeint gewesen sein. Nach der von Hermes' Wesenheit zu gewinnenden Gesamtanschauung ist diese Auffassung nicht bloß möglich, sondern notwendig. Damit erledigt sich das, was R. über meine angeblich unzutreffende Heranziehung des ägyptischen Chonsu-Mythus sagt. Ich vergleiche nicht den Wortausdruck, sondern den Gedanken oder die zugrunde liegende Anschauung. Diese ist bei Chonsu ganz dieselbe wie bei Hermes. Beide Götter werden am Tage der *σύνοδος* empfangen, das ist der theoretische Geburtstag (Empfängnis und theoretische Geburt sind gleich), die Menschen aber bezeichnen als ihren Geburtstag erst ihr wirkliches Erscheinen am Himmel am vierten Tage nach der *σύνοδος*. R. schreibt gegen mich (Nr. 18 Sp. 579): ,Nach Hom. hymn. in Merc. 19 (*τετράδι τῇ προτέρῃ, τῇ μιν τέκε πότνια Μαῖα*) ist ja Hermes eben nicht am Tage der Konjunktion, sondern erst am vierten Tage nach dem ersten Wiedererscheinen der Neusichel, also am vierten Tage des griechischen Monats, geboren. Dies ist zugleich ein Beleg für die Art, wie Siecke unsere Quellen behandelt'. Daß der Tag der Konjunktion des Gottes eigentlicher Geburtstag sei, behaupte ich natürlich auf Grund meiner Theorie von Hermes' Wesenheit, das soll nicht eine Interpretation der Stelle des Hymnus sein. Wo steht denn aber in diesem etwas vom ,vierten Tage nach dem ersten Wiedererscheinen der Neusichel'? Was ist das für eine Behandlung der Quellen? —

Meine Auseinandersetzung über die Namen der Plejaden scheint R. gar nicht verstanden zu haben. Daß die Plejaden als Gestirn eine alte Bedeutung hatten, habe ich nicht im mindesten geleugnet (Hm. Mg. 20, 21); ich behaupte jedoch, daß die Namen für die sieben Sterne erst verhältnismäßig spät auf die früher nicht einzeln benannten Sterne übertragen worden sind, und daß diese Namen ursprünglich Namen der Mondgöttin waren. Von der Taygete (S. 33f.) wird dies ja z. B. auch von Preller anerkannt, was R. seinen Lesern wohl hätte andeuten können. Aber freilich hätte er dann sein effektvolles ‚Man höre und staune' nicht anbringen können. Wie ist es denn mit den üblichen Planetennamen und den Bezeichnungen etlicher Sternbilder, z. B. des Kranzes der Ariadne[1]? Auch daß Kelaino, ‚die Schwarze', von Poseidon Mutter des Lykeus und Nykteus, ein passender Mondname ist, wird jeder zugeben, der die große Rolle, die auch der verdunkelte oder schwarze Mond in den Mythen spielt, kennt. R. freilich kennt sie nicht, sonst würde er nicht schreiben (1907, S. 803): ‚der schwarze Mond (sic!)'. Daher ist ihm auch die Einfachheit der Anschauung, derzufolge der verdunkelte Mond tatsächlich als eine Schildkröte, die sich in ihr Gehäuse zurückgezogen hat, oder als eine Muschel, eine Nußschale bezeichnet wurde, ganz unfaßbar, und er schreibt: ‚Hier verstummt unsere Kritik und begnügt sich mit dem Zusatz von Ausrufungszeichen'. Ich meine, mit diesen Ausrufungszeichen wird mehr sein Mangel an Verständnis hervorgehoben als meine Auseinandersetzung widerlegt.

Es tritt in R.'s Rezensionen das Bestreben hervor, mich in den Augen der den mythologischen Forschungen ferner Stehenden lächerlich zu machen. Daher seine väterliche und herablassende Verweisung auf Wundt, Völkerpsych. II, 3 S. 50ff., als hätte mich da Wundt endgültig widerlegt. Ich habe Wundt bereits an anderer Stelle[2] geantwortet und will hier nur bemerken, daß mir zwischen Wundt und Roscher, der sich bei der Herausarbeitung seiner weiblichen ‚Mondwesen' im großen und ganzen derselben Argumente, ja derselben Methode wie ich bediene (s. o. S. 101, 106, 108), ein gleichgroßer Widerspruch zu klaffen scheint, wie zwischen Wundt und mir. Als dialektischen Scherz, den ich mir aber doch

---

[1]) Siehe hierüber ‚Götterattribute' S. 262. — [2]) ‚Götterattribute', Schlußwort S. 283—291.

verbitten muß, fasse ich folgende Sätze R.'s auf (1909, S. 580): ‚Auch im caduceus des Hermes erblickt Siecke ein deutliches Mondsymbol. (Beiläufig bemerkt, den caduceus halte ich sowenig für ein Symbol des Gottes, wie ich einen etwa im Hohenzollernmuseum oder sonstwo aufbewahrten Krückstock Friedrichs des Großen für ein ‚Symbol des alten Fritz‘ halten würde). Dabei übersieht er freilich den bedenklichen Umstand, daß auch die Regenbogengöttin Iris, die Siegesgöttin Nike und die Herolde der ältesten Zeit jenen Stab führen, ‚also wohl auch „Mondwesen“ sein müssen‘. Erstens ist der Stab der Herolde nicht von Gold gewesen. Zweitens sind sie nicht Götter, nicht Söhne des Zeus, fliegen nicht durch die Luft, steigen nicht in die Unterwelt hinab, sind nicht Seelenführer und Schlafspender usw. Alles das muß doch zusammen genommen werden, wenn man sich eine Vorstellung von der Wesenheit des Gottes machen will. Diese Vorstellung wirkt dann allerdings wieder auf die Beurteilung eines einzelnen Zuges zurück, wie das in philologischen Untersuchungen nicht anders sein kann, worüber seiner Zeit Böckh mit unnachahmlicher Feinheit gehandelt hat[1].

---

[1]) Auch O. Gruppe im Bericht über meine ‚Mytholog. Briefe‘ (Jahresber. 187 Bd., 21—23) legt mir ähnliche Schlußfolgerungen unter. „Weil Selene 50 Kinder hat, sind die mit der gleichen Fülle von Nachkommenschaft gesegneten Heroen Priamos, Danaos, Aigyptos, Thespios abgeblaßte Mondgötter (65 f.)“. Muß nicht der Leser den Eindruck bekommen, daß ich meine Ansicht von Priamos' Wesenheit allein auf diesen einen Umstand (die Kinderzahl) gründe? Nun aber handle ich auf 6 Seiten (65—70) von der gesamten trojanischen Königsfamilie, die von Zeus und der Atlantide Elektra abstammt, insonderheit von Hesione, der dem Seeungeheuer zum Fraß ausgesetzten und von Herakles befreiten (schon von Preller als Mondheroine erkannten!), von Laomedon, dem ungestraft bleibenden Betrüger der Götter Poseidon und Apollon, von Tithonos, dem Gemahl der Morgenröte, von Ganymedes, der als Zeus' Mundschenk unzweifelhaft eine göttliche Persönlichkeit ist, von Anchises, dem Geliebten der Aphrodite, von Paris oder Alexandros und Kassandra oder Alexandra, von Hektor, von der in eine Hündin mit feurigen Augen verwandelten Hekabe usw., sowie von der ‚Entrückung‘, die bei mehreren (Ganymedes!) eine besondere Rolle spielt. Alle diese Züge zusammengenommen führen mich zu dem Ergebnis, daß die Mitglieder der trojanischen Königsfamilie keine sterblichen Menschen, sondern abgeblaßte Göttergestalten, und zwar

Zum Schluß noch einige Worte über die ὕβρις, mit der ich nach R.'s Behauptung andere Gelehrte behandle. Es ist nichts als gekränkter Stolz, was R. veranlaßt, sich dieses Urteil zu erlauben. Ich habe R. persönlich stets mit Höflichkeit und sogar mit Hochachtung behandelt (Hm. Mg. S. 1), dagegen die Theorie vom Windgott Hermes allerdings in scharfer Form entschieden abgelehnt (78). An der betreffenden Stelle nenne ich R.'s Namen garnicht, beobachte also gewissermaßen die Rücksicht, die man im gewöhnlichen Leben beim Aussprechen eines scharfen Urteils nimmt, indem man sagt: ‚die Anwesenden ausgeschlossen!' Es haben eben viele die Theorie vom Windgott Hermes kritiklos angenommen. Ein scharfes Urteil enthält jedenfalls keine Beleidigung. Ich dagegen habe mich eher über eine Art von ὕβρις, die mir von seiten anderer Gelehrten zuteil geworden ist, zu beklagen. Sie besteht in dem jahrzehntelang zutage getretenen Bestreben, meine Schriften totzuschweigen. Man tat so, als ob meine Ansichten, die doch von vielen namhaften Gelehrten jetzt als wenigstens der Beachtung wert bezeichnet werden, so minderwertig seien, daß man sich und andere gar nicht

---

Lichtgötter (Sonnen- oder Mondgötter) waren. Die Zahl der Kinder, die zu der Selenes stimmt, ist doch nur ein zu den übrigen Gründen hinzutretender und, wie ich meine, nicht übel passender Grund. — Ich kann diese Art der Berichterstattung unmöglich objektiv nennen; sie muß verkehrte Urteile über mich hervorrufen, und ich muß mich dagegen verwahren. Die ganze Charakterisierung meiner Methode bei Gruppe: ‚Es wird zunächst für einen Mythenzug oder ein mythisches Bild eine bestimmte Bedeutung vermutet und dann diese auf alle anderen Mythen ausgedehnt, in denen sich derselbe Zug oder dasselbe Bild findet' — muß ich als eine verkehrte und ungerechte zurückweisen. —

Einmal mit Widerlegungen von Angriffen beschäftigt, will ich kurz der Anzeige meines Vortrags über ‚Mythus, Sage und Märchen' von Fr. Panzer (Monatsschrift für höhere Schulen, VIII, 208) Erwähnung tun. Dort wird die oberflächliche Behandlung eines von mir ausdrücklich als von ausführlicher Behandlung ausgeschlossenen Teiles (über die Beziehung der Mythologie zur Kunst) höhnisch getadelt. Die Rezension ist offenbar gehässig, und ich halte es für unter meiner Würde, näher auf sie einzugehen. Wenn P. sagt: ‚Einen Anhänger hat diese Theorie freilich bisher nicht gefunden', so ist das zum Glück unrichtig. Ich sehe zu meiner Freude, daß meine Theorie bereits zahlreiche Anhänger hat, und daß deren Zahl täglich wächst.

damit bekannt zu machen brauche[1]. Das den mythologischen Untersuchungen fernerstehende Publikum wird durch den Ton der Unfehlbarkeit, den gewisse Kreise anschlagen, in dem Wahn gehalten, als herrsche auf diesem Gebiete schon so gut wie völlige Klarheit, und wer abweichender Meinung sei, sei ein Querkopf. Diesem Unfehlbarkeitsdünkel gegenüber ist es geradezu Pflicht, deutsch und deutlich auszusprechen, daß der Herren eigene Theorien mehr als bloß fragwürdige Ergebnisse gezeitigt haben. —

R. sagt noch (1909 S. 694): ‚Um Mißverständnissen vorzubeugen, bemerke ich nur noch, daß (a. a. O.) unter den „andern Mythologen, die es angeht", die von Wundt a. a. O. zitierten zu verstehen sind, nicht aber die Mitglieder der Ges. f. vgl. Mythenforschung, zumal da diese ja auf S. 2 des Umschlags von Bd. II, 1 ausdrücklich erklären: „Verantwortung für den Inhalt der Schriften trägt allein der jeweilige Verf." Sieckes Art scheint also auch hier gewisse Bedenken zu erregen'.

Der hier gemachte Versuch, die Mitglieder der Ges. f. vgl. Mythenf. in einen Gegensatz zu mir zu bringen, ist gänzlich verfehlt, und die in der Juni-Sitzung anwesenden Mitglieder haben mich ermächtigt, dies auch in ihrem Namen auszusprechen. Die Aufnahme des von mir selbst in der letzten Hauptversammlung beantragten Satzes auf dem Umschlag trägt einfach der Tatsache Rechnung, daß die Gesellschaft f. vgl. Mf. Gelehrte verschiedener Richtungen umfaßt, die sich zwar in der Wertschätzung der vergleichenden Forschung einig sind und in dem Streben, das Wesen des Mythos zu ergründen, begegnen, die aber z. T. noch ihre eigenen Wege zur Erreichung des Zieles gehen. Es soll durch den Satz ausgesprochen werden, daß innerhalb der Gesellschaft verschiedenen Richtungen das Wort gegönnt werden soll, ohne daß die Gesellschaft als solche eine Verantwortung für alle vorgebrachten einzelnen Ansichten übernimmt; es

[1]) Neuerdings erst ist mir mitgeteilt worden, daß eine hiesige Fachbibliothek Werke von mir, die ihr als Geschenk angeboten wurden, zurückgewiesen habe, damit bei den Studenten nicht verkehrte Anschauungen aufkämen. Fürchtet man sich etwa vor der Entwickelung meiner Gründe?

soll ausgesprochen werden, daß die Gesellschaft bestrebt ist, das Wesen des Mythos zu ergründen, aber nicht behaupten will, die Lösung des großen Rätsels schon gefunden zu haben. Es wird R. um so weniger gelingen, die Gesellschaft f. vgl. M. von mir zu trennen, als diese sich hauptsächlich in der Absicht zusammengeschlossen hat, ihre Anschauungen denjenigen Kreisen gegenüber zur Geltung zu bringen, die mit der Miene der Überlegenheit eine Erörterung anderer Ansichten als ihrer eigenen womöglich überhaupt verhindern möchten. (Vgl. hierzu auch die Bemerkung von W. Erbt i. d. Orient. Lit. Ztg. 1909 Nr. 6 S. 260).

Zeitfracht Medien GmbH
Ferdinand-Jühlke-Straße 7
99095 Erfurt, Deutschland
produktsicherheit@kolibri360.de